古代另类生活日常

如果古人也带货

吴玲 著

长江出版社
CHANGJIANGPRESS

图书在版编目（CIP）数据

古代另类生活日常. 如果古人也带货 / 吴玲著.
— 武汉：长江出版社，2023.7

ISBN 978-7-5492-8718-5

Ⅰ. ①古… Ⅱ. ①吴… Ⅲ. ①社会生活－中国－古代－通俗读物 Ⅳ. ①D691.93-49

中国国家版本馆CIP数据核字(2023)第033746号

古代另类生活日常. 如果古人也带货 / 吴玲 著

出　　版	长江出版社
	（武汉市解放大道1863号　邮政编码：430010）
选题策划	天河世纪
市场发行	长江出版社发行部
网　　址	http://www.cjpress.com.cn
责任编辑	钟一丹
印　　刷	三河市腾飞印务有限公司
版　　次	2023年7月第1版
印　　次	2023年7月第1次印刷
开　　本	880 mm×1230 mm　1/32
印　　张	8
字　　数	160千字
书　　号	ISBN 978-7-5492-8718-5
定　　价	55.00 元

版权所有，盗版必究（举报电话：027-82926804）
（如发现印装质量问题，请寄本社调换，电话：027-82926804）

目录

前言　真新鲜！古人"带货"也疯狂 / 01

关于举办古代带货大会的通知 / 03

第一章　先秦、两汉有大咖

赵武灵王：这款衣服最流行，赶紧下单吧 / 002

伯乐：百公里低草耗的千里马 / 010

西施：献给大脚美眉们的福利 / 016

张骞：献上一份跨境电商的好物攻略 / 024

司马迁：带你玩遍大江南北 / 032

张敞：今天你画眉了吗 / 039

赵飞燕：小仙女们必须有的一条裙子 / 046

韩康：不还价就是我带货的秘诀 / 052

孙寿：美妆找我，帮你俘获男人心 / 058

001

第二章　三国两晋网红多

曹操：本王卖的东西，绝对令人垂涎三尺 / 066

曹丕：不吃葡萄的人生，是没有滋味的 / 073

嵇康：Oversize 就问你爱不爱 / 080

王羲之：我的名字就是最强 IP / 087

谢安：我就是东晋第一带货美男 / 093

陶渊明：人生，就是要活出真我 / 099

谢灵运：没有一双谢公屐怎么去旅游 / 106

梁武帝：佛教才是人生的光 / 113

独孤信：个人魅力就是生产力 / 119

第三章　隋唐有顶流

李白：想找乐子的小伙伴，赶快进我的直播间 / 126

杜甫：旅行 + 美食，拿好你的快乐攻略 / 135

杨贵妃：每个女人都应该有一条石榴裙 / 142

白居易："刘白"牌冰镇水果汁，避暑达人的最爱 / 148

薛涛：提升写诗氛围感，这款信笺 YYDS / 154

第四章　两宋元代爱直播

范仲淹：想象力带货第一人 / 162

柳永：没有哪一位女孩可以抵挡住我的三首词 / 168

苏轼：举世无双的文化美食博主 / 174

宋徽宗：书画班报我的就对了 / 184

陆游：做猫奴的快乐你懂吗 / 190

第五章　明清 KOL 的养成记

郑和：给你一站式海淘购物体验 / 198

朱瞻基：跟我来体验斗蟋蟀的乐趣 / 204

郑板桥：爱竹子的人运气都不会太差 / 210

乾隆：旅行博主带你嗨翻天 / 217

曹雪芹：螃蟹配酒，越吃越有 / 224

第六章　古代带货大会颁奖仪式

附录：大会商品清单 / 234

前言

真新鲜！古人"带货"也疯狂

如今的"直播带货"可谓火出天际，面对身怀十八般武艺的各路主播、让人眼花缭乱的爆款商品，以及轮番上阵的优惠活动，还有人忍得住不为此"剁手"吗？

然而，论"带货"这件事儿，古人的带货能力也绝不输现代人。是的，你没有听错！古人不仅会带货，而且历朝历代的"带货顶流"层出不穷，他们不仅有大批的迷弟、迷妹相随左右，更是凭一己之力引领着时尚的潮流。

例如，造就"洛阳纸贵"的左思，引发"侧帽风流"的独孤信，研发东坡肉、羊蝎子等的苏东坡，以及发明登山必备佳品"谢公屐"的谢灵运……被他们所带货的商品，上至达官贵人，下至平民百姓，无不爱不释手。

在那个车马很慢、书信很远，不能雇网络水军和买流量的年代，他们带货完全靠的是"自来水"的口碑相传，也必然是一个个货真价实的实力派。他们在不经意间已经把"带货"玩成了后人难以企及的天花板！！！

他们不是为了带货而带货，他们看重的是商品本身的价值，而非商品背后带来的利益。是在自己真正地吃过、喝过、用过之后，用一辈子的热爱和整个生命来带货。

想不想走进他们的生活，近距离地了解他们？想不想学习他们的带货秘诀？如果想，那你就一定要关注本书组委会举办的首届"古代带货大会"……

关于举办古代带货大会的通知

Dear 各朝各代的 ladies and gentlemen（女士们、先生们）：

我们的"古代带货大会"即将开启，还在等什么？赶紧嗨起来吧！

咱都知道，买卖这件事是我们生活中再平常不过的事情。遥想当年，老祖宗在造字的时候，关于这个"买①"字，他思来想去，最终决定设计为一张网和一个贝壳的结合体，网子好理解，就是用来捕捞的，贝壳也好理解，那是我国历史上最早出现的货币，曾经也是一种硬通货，想换啥换啥，想买啥买啥，所以网子加上贝壳就代表着网罗财富！

有买就有卖，这就促成了集市的发展。最早的"市"，从先秦开始出现，历经各个朝代的发展，在宋朝达到了巅峰，所谓市、集、墟、场、街等，都曾是古代商品交易场所。位于繁华地段的集市都颇具规模，从早到晚，吆喝声、讨价还价声，不绝于耳。哪家

---

① 小篆字形为"買"。

店要是有了什么爆款，那门口就会排起长队，赶紧地，买买买！人们往往一边抱怨等待时间长，一边又继续等待着，谁叫人家的货够火呢！

再后来，进入"万物皆可短视频"的时代后，除了集市上的吆喝，直播带货异军突起，实事求是地说，直播带货这玩意儿还挺灵的。

这次"古代带货大会"的举办，就是为了繁荣市场经济，促进带货事业的发展。不论您来自哪个朝代，不论您家住哪里，不论您是直播新秀还是"网红"大咖，无论您带货的商品是文学IP（知识产权），还是潮流穿搭，抑或美食景点、娱乐玩意儿，只要您带着满满的诚意而来，我们必将诚意满满地为您提供一个展现风采的舞台，让您的爆款更上一层楼。

当然，人生没有输赢，但比赛终有胜负。在大会结束后，我们会评选出"带货达人"，并为大咖们准备丰盛的奖品，绝对让您心动。如果您没有获得"达人"称号，也不必气馁，能够站在本次"古代带货大会"的舞台上，您就已经是赢家了，并将获得我们精心准备的阳光普照奖。

各位帅哥美女、父老乡亲，不必怀疑，不必犹豫！让我们并肩携手，掀起上至皇亲国戚、下至普通百姓的爆款带货风潮吧！

期待在"古代带货大会"上，与您不见不散！

温馨提示： 本大会鼓励够新颖、够别致、够大胆的各类带货达人前来参与，同时，请参与者认真阅读参会安排及注意事项哟！

参会安排

报名时间： 今日起即可报名

参会时间： 九月九日重阳节

参会地点： 华山之巅

奖项设置： 对网络投票人气前5名进行颁奖，其余参与者获得价值不菲的曝光机会

奖品设置： 前三名分别获得"带货之王"金、银、铜奖牌一枚和奖金若干，后两名颁发"带货新星"的荣誉证书和奖金若干。（注：奖金可折算成各朝代同等价值的货币）

参会注意事项

组委会经费有限，请大家路费自理、食宿自理。重要的事情说三遍：不包路费、吃、住，不包路费、吃、住，不包路费、吃、

住,烦请大家多多理解。

带货形式不限、类型不限、数量不限,能不能成为爆款,就要看各自的本事了。

凡参会人员需领取并填写登记表,稍后发送至组委会邮箱,即 thsjbook@126.com。

凡参会人员需配合宣传活动,不限于采访、广告拍摄等。

特别声明:古代带货大会所有事项最终解释权归古代带货大会组织委员会所有。

古代带货大会组织委员会

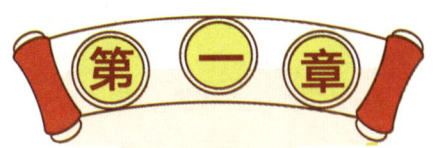

第一章

先秦、两汉有大咖

赵武灵王：这款衣服最流行，赶紧下单吧

大咖登记表

姓名：赵雍

昵称：赵武灵王

性别：男

主要成就：推行"胡服骑射"，灭亡"中山国"

微博名称：@胡服骑射推广者（粉丝百万+）

抖音名称：最靓的仔都穿胡服（粉丝百万+）

朋友圈个性签名：雄心勃勃，不甘寂寞

外号：站在浪尖上的男人

属性：霸气

爱好：治国、平天下、推广胡服

最大爱好：努力变强大

出生年份：不详

逝世年份：公元前 295 年

话说赵武灵王

赵雍，即赵武灵王，赵国邯郸（今河北省邯郸市）人，是战国时期赵国的第六代君主，梁启超称之为"黄帝之后的第一雄主"。

赵武灵王重视军事管理，推行"胡服骑射"，不遗余力地推动军力发展，到了战国中后期，赵国成为可以与秦国相抗衡的强国。其先后灭亡中山国，大败林胡、楼烦二族，开辟云中、雁门、代郡三郡，还修筑了"赵长城"。

许多君主都恨不能向天再借五百年，就是为了能一直大权独揽，位居万人之上，但赵武灵王却不同，他在年富力强的时候选择了将王位传给儿子赵惠文王，这一切都是为了赵国的军国大计。

具体情况呢，还得从赵武灵王的爱情故事说起。赵武灵王的第一位夫人是韩王的女儿，两个人育有一个儿子，也就是公子章，这个孩子贵为太子，一出生就站在了权力的巅峰上。如果一切都按原计划进行，没那么多狗血的剧情，公子章会接过老爸的权杖成为新的王，可惜韩夫人先一步离开人世，赵武灵王艳福不浅，很快就拥有了新的夫人——吴娃，这位夫人挺给力，也生了一个儿子，就是赵何，即后来的赵惠文王。要说吴娃这媳妇儿当得确实不错，给赵武灵王带来了无限欢乐，而且从不会仗着自己受宠就胡作非为。遗憾的是，她也去世得比较早，临走前，她恳求赵武灵王立赵何为太子，赵武灵王也是挺爽快，直接答应了。虽说当初立赵何为太子纯属为了哄媳妇开心，但赵武灵王也打起了自己的小算盘。

赵武灵王二十七年（前 299 年），赵武灵王将王位传给赵何，其实他是这么盘算的：儿子当了新王，就可以帮他扛起国内的政治和军事，他自己呢，就可以全身心投入对外的军事斗争中去，父子二人一起治理国家，一个主内，一个主外，由此构建起一个"二元"政治。而且考虑到他时不时就出去打仗，一条命随时都有可能交代出去，所以为了避免国家大乱，提前扶持起自己的儿子也是未雨绸缪。不过他想得挺美好，现实却挺残酷，正是因为这样的"二元"政治，才引发了后来的赵国内乱。

赵惠文王四年（前 295 年），赵武灵王遭遇"沙丘之乱"，被困宫中长达三个月，最终死于饥饿。死后，他被追谥为"武灵"，后人称为赵武灵王。

才艺展示：胡服骑射

要说才艺，我就来给大家表演一段骑射吧。

看看我这姿势，多么标准；看看我这神态，多么英武；看看这衣服，多么合身！

带货清单：胡服

要说君王带货，赵武灵王绝对算是大咖中的大咖，可以说是"强行"带货的创始人。围绕着"胡服骑射"四个字，他做足了文章，竭尽全力向大家吆喝，这衣服如何如何好，穿这衣服骑射如何如何棒，直接让胡服成为当季最流行的爆款，谁要是没套胡服，那就是跟不上趋势了。

但带货也不是那么容易的，哪怕对君王来说，也得动动脑子。赵武灵王刚刚动了推广"胡服骑射"的念头，就遭到满朝文武的极力抵制,那可谓一个比一个激烈,甚至恨不能以死来相逼。赵武灵王也不是容易气馁的主儿,但此举被极力反对多少有点伤人。眼瞅着推广初期就受挫了,大臣肥义看不下去了,他站出来苦口婆心地劝说赵武灵王别放弃,没必要顾虑其他人的看法,只要认准改革就义无反顾前行吧。除了安慰赵武灵王,肥义还劝了之前反对的朝臣,给他们洗脑说:"自古以来优秀的领袖都是能够摒弃民族偏见的人,对于异域、异族的优秀文化和习俗,也是通通可以接受的,就比如我们的大王,就是这样一个勇于学习北方游牧民族优良文化、习俗的人。"

胡服骑射这段历史非常有名,《战国策》《史记》及《资治通鉴》之中都不惜笔墨,洋洋洒洒地记录了一番。据《战国策·赵策二》记载:"今吾(赵武灵王)将胡服骑射以教百姓。"《史记·赵世家》也记载:"十九年春正月,大朝信宫,召肥义与议天下,五日而毕……于是遂胡服矣。"那"胡服骑射"到底是什么?说白了就是让赵国的老百姓穿胡人的衣服,这在当时可谓是非常大胆、前卫的想法。为什么要执着于胡人的衣服呢?原因就在于胡服衣短袖窄,骑马射箭十分方便。

赵武灵王之所以要竭尽所能地带货,也是因为被欺负怕了。当时的赵国是个弱小的国家,弱得不能再弱了,哪怕是同样没什么实力的小国中山国,也敢给他们点颜色看看,更不要说兵强国富的秦国了,侵犯骚扰简直就是家常便饭。这让好强的赵武灵王再也忍受不了了，他痛定思痛，下决心想让自己的国家成为一个强国。想要变强，那得先增强武力值，必须先从穿胡服、学骑马射箭开始。

这可不是心血来潮，而是赵武灵王在对游牧民族进行研究考察后，才做出的重大决定。赵国地理位置特殊，处于四战之地，北部边疆与戎狄部族接壤，而戎狄是游牧民族，骑马射箭又机动又灵活，军事实力简直杠杠的。就这样，敢想敢做的赵武灵王有了一个大胆的想法：军队要穿胡服，老百姓也要穿胡服。

说实话，赵武灵王是个非常有主见的人，也十分明白带货的关键点是什么——绝不能只是嘴上说胡服有多好，还得"亲测有效"才行。于是，赵国多了一位穿着胡服上朝的君主，总之就是别光听我说，也多看看我是怎么做的，毕竟一国之君是自带流量的大V，其他人自然会追捧。"反正胡服我是穿在身上了，就看底下的官员怎么做了。"身先士卒这一招非常奏效，KOL（关键意见领袖）都带头穿了，其他人就算想抵制，也架不住蠢蠢欲动的心。

习惯了穿宽松舒适的衣服，冷不丁改穿紧巴巴的胡服，是个人都不太容易接受，心里不舒服，身体也是说不出来的别扭，横竖就是不乐意。百姓敢怒不敢言，但是皇亲国戚们就不一样了，虽说不敢硬碰硬，但小动作一个接一个。比如赵武灵王的叔父公子成，说啥也不愿意穿胡服，那领导让穿又不能不穿，干脆请了病假。结果，领导直接发话："虽说你是我的长辈，但我也是一国之君，你不穿就是不明白大义。"

这话就不能不细品，公子成细品了一下，直接吓出一身汗，与其"硬刚"不如躺平。第二天，他的病自然就好了，于是精神抖擞地穿着胡服去上班了。其他人一看，如此有威望的人都架不住了，我们还在这儿固执有什么用？从此，全国开始推行穿胡服的政策。

胡服好不好？好，绝对的好，胡服一穿，赵国的武力值持续攀升。就这么说吧，之前是受人欺负，现在终于可以一雪前耻了，第一个目标就是中山国，紧接着又一路向西、向北，没过几年，赵国已经打遍天下，成为除秦国之外的超级强国。

插播广告：尤其是热爱运动的人，不来身胡服感受一下吗？快点下单吧！

人物采访笔记

大会组委会：您今天这是什么打扮？

赵武灵王：怎么？我说都得穿胡服，你不知道吗？

大会组委会：我……

赵武灵王：赶紧穿，你不穿，我拒绝接受采访。

大会组委会：穿穿穿，这就穿。您看我穿着还合适吗？

赵武灵王：当然合适，剪裁流畅，贴合腰身，一个字，好看！

大会组委会：呃，这好像是两个字……

赵武灵王：会不会骑马射箭？

大会组委会：不……不会……

赵武灵王：走走走，靶场见。

大会组委会：您等等您等等，我还没采访完呢……

知识小课堂

胡服：胡服就是采用胡人的服装，即改穿短装，束皮带，用带钩，穿皮靴。

肥义：赵肃侯的贵臣，赵武灵王继位后由其辅政。他的思想开明豁达，在赵武灵王推行"胡服骑射"遇到阻力时，极力劝说赵武灵王坚持改革，不必顾虑，使赵武灵王下定了改革的决心。之后又精心辅佐幼主赵何，在"沙丘之乱"中，为保护赵惠文王而惨遭杀害。

公子章：赵武灵王长子，与赵惠文王是同父异母的兄弟。原本他是太子，结果就因为父亲赵武灵王宠幸吴娃，改立吴娃之子赵何为太子。公元前295年，赵武灵王与赵惠文王在沙丘游猎的时候，公子章趁机发动兵变，史称"沙丘之乱"，不过最后只杀死了国相肥义，他的弟弟赵惠文王逃过一劫。

伯乐：百公里低草耗的千里马

大咖登记表

姓名：孙阳

昵称：伯乐

性别：男

主要成就：发现千里马

微博名称：@伯乐相马（粉丝百万+）

抖音名称：伯乐相马（粉丝百万+）

朋友圈个性签名：千里马常有，伯乐不常有，请珍惜我

属性：相马达人

爱好：相马

出生年份：保密

逝世年份：保密

话说伯乐

伯乐本名叫孙阳,出生在春秋时期。在我们的神仙体系中,在天上专管马匹的神仙就叫伯乐,在人间,人们就对能够辨别马匹好坏的人以伯乐相称。因为孙阳对马太有研究了,以至于人们直接称他伯乐,慢慢地都忘了他原先的名字了。

在春秋时期,不管是生产力的发展还是军事的发展,马匹都具有十分重要的地位,处处可见马匹的身影。当时,马被分为六类:种马,是用来繁殖的;戎马,是军用马匹;齐马,用于仪仗;道马,是驿用;田马,用于狩猎;驽马,用于杂役。六类马分工明确,都有自己的对应工作。

孙阳就是看中了养马、相马在未来大有前途,就这样一发不可收地走上了职业化的道路。在他之前,这个职业虽说重要,但是还没发展起来,也没有任何相马的经验著作可以参考学习,唯一能做的就是靠自己去摸索、研究。

俗话说"机会是留给有准备的人的",孙阳不断潜心研究,不断总结归纳,最终完成了我国历史上第一部相马学著作——《伯乐相马经》,图文并茂,被相马从业者视为经典教科书。

才艺展示：相马

我没什么其他的才艺，就给大家表演一个相马吧！

各位请看，这匹马额头隆起，体型均匀，毛色光泽，蹄子好像垒起的酒药饼，这就是千里马的特征。

带货清单：千里马

一次，伯乐受楚王所托四处寻找能够日行千里的骏马。在接受委托之前，伯乐也把丑话说在了前面："这个千里马可不常有，要想得到千里马，就不能着急，得给我足够的时间慢慢寻找。"楚王爽快地答应下来，便开始期待自己的千里马了。

伯乐跟楚王告别后，就开始马不停蹄地四处奔波，去这个国家看看，又去那个国家看看，可真是没少费心。当时，燕赵地区盛产名马，于是伯乐就提起精神、睁大眼睛到那边去找，可惜一直没有找到满意的马匹。

从齐国返程的路上,伯乐闷闷不乐,忙活这么久,连个千里马的影子都没看见。突然,他看见一辆盐车经过,一匹马气喘吁吁地拉着车上坡,每走一步都快要了命似的。伯乐走到跟前仔细打量,这马也挺通人性,对着伯乐大声嘶吼起来,伯乐一听,这是一匹骏马啊!

确定这就是一匹千里马无疑之后,伯乐赶紧告诉驾车的人,这匹马若是上了疆场,谁也比不过它,但是拉车的话,还不如一般的马。给驾车的人解释完之后,伯乐想买下这匹马,没想到驾车的人非常痛快地答应了,因为他觉得伯乐是个傻子,这匹马就是个废物,吃得多却没力气,留着实不中用。

伯乐顺利买下了这匹马,就赶紧返回楚国。他来到楚王面前,介绍了这匹马是如何优秀,是如何珍贵。但楚王见了却不太高兴,在他眼里,这匹马瘦得像干柴一样,别说上战场厮杀了,怕是走路都走不稳。

伯乐倒是没有着急,他耐心地解释了一番,告诉楚王这匹马之所以瘦,是因为之前喂养得不够精心,而且还要整日拉车,只要给他半个月的时间,他一定能让这匹马恢复最佳状态。

果然,半个月之后,这匹马在伯乐的精心喂养下,变得精壮神俊。楚王一看也乐开了花,后来骑着马驰骋沙场,确实如伯乐所说,是难得的千里马。从此之后,楚王对伯乐更加敬重了。

后来伯乐声名大振，凡是他相中的马一定是最受欢迎的抢手货，而且价格也会连翻数倍，想请他"带货"的人据说排队都排不过来了。

人物采访笔记

大会组委会：伯乐您好，不知道现在入手千里马合适不合适？

伯乐：现在太合适了，国家大力推广节能减排，新能源是首选，咱们的千里马更是低碳无污染，百公里草耗也不多，跑得又快，还能享受跑车兜风般的快乐，简直不要太惬意！

大会组委会：听起来确实不错，不知道您有没有准备粉丝惊喜价呢？

伯乐：当然啦，现在入手千里马，不但价格有大大的优惠，还赠精选草料。

大会组委会：说得我都心动了！感兴趣的观众朋友们别错过这个好机会哟。赶快进伯乐老师的直播间，点击下面的小黄车！噢耶！

知识小课堂

楚王：在春秋战国时期，"楚王"是对楚国国君的称呼。楚国历史悠久，历代国王声名显赫。哪怕在被秦国消灭后，

"楚"依旧被作为爵位封号,而且是最尊贵的称号之一。

《伯乐相马经》:中国最早的相马术著作,春秋战国时期孙阳(伯乐)撰,成书于公元前168年以前。

西施：献给大脚美眉们的福利

大咖登记表

姓名：西施

昵称：西子

性别：女

主要成就：以身报国；助越灭吴

微博名称：@跟我一起变美（粉丝百万+）

抖音名称：西施的美好生活（粉丝百万+）

朋友圈个性签名：谈恋爱吗？会亡国的那种

属性：干大事的美女

爱好：带着夫差不干正事

出生年份：不详

逝世年份：不详

话说西施

西施，本名施夷光，春秋末期出生于越国句无苎萝村，也就是今天的浙江省绍兴市诸暨苎萝村。她很小的时候就跟着母亲在江边浣纱，因此得名"浣纱女"。这个小姑娘可是生来不简单，打小就是个十足的美人坯子，长大后更是拥有倾国倾城的容貌。平时，人们都叫她西施，后世的人们称其"西子"，算是一种爱称和尊称。

中国古代有四大美女，王昭君、貂蝉和杨玉环，还有一位就是西施，而且她可是排在第一位的。她们有"沉鱼落雁之容，闭月羞花之貌"，"沉鱼"就是专属西施的。传说有一天，她在河边浣纱时，也没特意梳妆打扮，就是日常休闲装，结果，在水中游来游去的鱼儿瞧见了她的倒影，都被她的美貌惊呆了，竟然忘了自己是一条生活在水中的鱼，一动不动地盯着倒影，结果竟慢慢地沉到了水底。

在若耶溪东岸，有一位和西施同姓的姑娘，大家都叫她东施，她就没有西施那么幸运了，生来就和肤白貌美不沾边，还有些丑。东施心里也清楚，自己是个丑姑娘，所以想方设法模仿其他美女的穿着打扮，甚至是动作，为的就是让自己看起来好看一些。西施是远近闻名的美女，自然就成了东施模仿的头号对象，所以西施穿什么衣服、梳什么样的发型、怎么走路，她通通都要复制一份。

有一天，东施像往常一样盯着西施，看见西施走路的时候突然觉得心口不舒服，下意识地微微皱眉，又用双手捂着胸口，路人瞧着西施这楚楚动人的样子，都心疼坏了。东施心里也牢牢记住了西施的每一个动作要点，回到溪东后，她也皱着眉头、捂着胸口，然而一点不见效，反而让大家以为是妖怪来了，吓得纷纷跑回家锁上了大门，连门都不敢出了。

东施不仅没有因为模仿西施而变得漂亮，反而成了"东施效颦"。其实，爱美是天性，知道自己不够好看就努力去弥补，这是一种积极的心态，是值得鼓励的。可惜的是，她忘了模仿也是要切合自己实际情况的，不然买家秀和卖家秀差得可不是一点半点儿。可怜的东施，也算是被容貌焦虑搞得崩溃了。

才艺展示：响屐舞

带货清单（1）：美女速成班

要说别人倾国倾城，可能多少有些夸张，但用在西施身上，就非常贴切。

公元前494年，越王勾践被夫差击败，在吴军的围攻下被迫求和，为了活命，勾践来到吴国做了人质。三年后才恢复自由，回国后，勾践就开始展开报仇大计。他知道吴王好色，就策划了一场美人计。勾践让大夫范蠡去全国转悠，其实就一个目的——网罗美女。范蠡大概是最早的星探了，很快就发现了西施。

勾践盘算了一下，单靠美色吸引吴王并不够，他想找的女子一是相貌要好，二必须能歌善舞，三是懂得仪态礼仪。西施非常符合第一点，但其他两点是欠缺的，勾践也不着急，毕竟想靠美人计亡人家的国，怎么也得准备充分了再真正实施。就这样，西施开始了为期三年的培训生涯，学习歌舞和礼仪。西施确实聪明，也够努力，在专业导师的调教下，日趋完美。

吴王夫差见了西施，一瞬间就成了她的小迷弟。为了能和西施朝夕相处，特意在姑苏建造了春宵宫，里面修了一个大池子，池子里还放了青龙舟，此外，还有专门用来表演歌舞和开party的馆娃阁、灵馆等。西施爱跳"响屐舞"，夫差就为她建了"响屐廊"，把几百个大缸摆在一起，铺上木板，西施穿上系着小铃铛的裙子，再穿上木屐，在上面翩翩起舞，铃声和大缸的回响声交织在一起，直接把夫差迷得神魂颠倒了。

西施作为勾践的"武器",彻彻底底地俘获了夫差的心,上演了一幕幕"霸道总裁爱上我"的戏码,夫差整天与西施腻在一起,要么玩花赏月,要么泛舟采莲,要么骑马打猎……反正横竖就是不干正经的工作了。哪怕是伍子胥求见,也吃了闭门羹,夫差只让太宰伯嚭在一旁听命,所以他听不到劝诫,听到的全是阿谀奉承,勾践的目的也就达到了。

带货清单(2):高跟鞋

俗话说人无完人,西施天生丽质,但即便如此,也有一个小缺点,就是脚丫子有些大,要是放到今天好像也并没有什么,但在西施生活的那个年代,脚大就等同于丑。

于是,西施就解锁了自己服装设计师的身份,根据自己的情况,设计出了一款长裙。这款长裙就是为了大脚美眉们准备的,穿上它,大脚小脚就无所谓了,都可以被长裙盖得严严实实。

当然,裙子一长就不方便走路,别慌,大设计师西施特意为这款长裙设计了一款木质高跟鞋,高度刚刚好,既能遮住大脚,又能完美避开容易踩裙子的小缺点。

长裙搭配高跟鞋,妥妥的女王大人。如果你有一颗想当女王的心,那就一定要试试这个搭配。如果你只是觉得自己的脚太大,那也一定要试试,你会发现那个最靓丽的自己。

人物采访笔记

大会组委会:西施小姐,今天这款长裙真是太修身了!

西施:那是自然,也不看看是谁设计的。

大会组委会:这次推出的高跟鞋也很成功,粉丝都抢疯了。

西施:在这里呢,我呼吁大家理性购物,一定要买适合自己的东西。

大会组委会:您真是太有格局了,真是带货圈的一股清流啊!(竖大拇指)

西施:年轻人,格局要打开。

大会组委会:好的好的,我一定谨记在心。

西施:趁此机会,我还要对我的粉丝们说,自信的人一样有魅力。拜拜!

大会组委会:感谢您接受我们的采访,祝您与范大人白头到老,拜拜!

知识小课堂

沉鱼落雁，闭月羞花：落雁，指的是王昭君，据说在她与单于结婚时，大雁看见了骑在马上的王昭君，一时间忘了扇动翅膀，一下子就从空中掉了下来。闭月，指的是王允的女儿貂蝉，他见人就夸赞自己的女儿有多么美丽，就是月亮见了都会藏在云朵后面不好意思出来了。羞花，指的是杨玉环，据说她摸了一下含羞草，含羞草就自惭形秽地卷起了叶子。

范蠡：春秋末期政治家、军事家、谋略家、经济学家和道家学者，曾是越国相国、上将军，为越王勾践献计献策，帮助他复国，兴越灭吴。他也是中国早期商业理论家，楚学开拓者之一，后人尊称他为"商圣"，他也是"南阳五圣"之一。

越王勾践：就是那个被吴军打败，又被迫求和，去吴国当了三年人质，经过卧薪尝胆最终报仇雪恨的男人。

吴王夫差：春秋末期吴国国君，刚登位的时候，励精图治，大败勾践，吴国由此达到鼎盛。但在后期，就开始飘了，私生活奢华无度，政务上又穷兵黩武。最终，被勾践复仇成功，他选择了自缢了此一生。

伍子胥：楚国人，春秋末期吴国大夫、军事家。他劝了吴王夫差很多次，一定要杀了勾践，吴王不听。最终，因为夫差听信太宰伯嚭谗言，相信伍子胥阴谋倚托齐国反吴，就给他送了一把宝剑，意思很清楚，就是让他自杀。伍子胥也挺听话，但在自杀前对门客说："请将我的眼睛挖出置于东门之上，我要看着吴国灭亡。"伍子胥死后九年，吴国为越国所灭。

张骞：献上一份跨境电商的好物攻略

姓名：张骞

昵称：丝绸之路的开拓者

性别：男

主要成就：开拓丝绸之路，抗击匈奴，从军封侯

微博名称：@开眼看世界（粉丝千万+）

抖音名称：开眼看世界（粉丝千万+）

朋友圈个性签名：睁开眼睛看世界

属性：热爱冒险，社牛症

爱好：旅行、探险、带货

最大爱好：旅行、带货

一生爱好：旅行

出生年份：公元前164年

逝世年份：公元前 114 年

话说张骞

张骞，字子文，汉中郡城固（今陕西省汉中市城固县）人，汉代杰出的外交家、旅行家、探险家，更被誉为"丝绸之路的开拓者""第一个睁开眼睛看世界的中国人"。据史书记载，张骞"为人强力，宽大信人"，这可是很高的评价了，说他这个人不仅意志坚韧不拔、心胸开阔，还能以信义待人，优良品质着实不少。正是凭借这些人格魅力，张骞完成了丝绸之路的开拓工作。

西汉建元二年（前139年），张骞奉汉武帝之命，率领百余人从大汉帝都长安出发出使西域。在浩浩荡荡的队伍之中，身兼翻译、保镖、向导多重职务的甘父是一个关键人物，不夸张地说，好多次死里逃生，都多亏有甘父，要不然张骞一行人可走不了那么远，也去不了那么多地方。准备妥当之后，他们踏上长安通往西域的漫漫长路，由此打通了不远万里的异域好物带货之路，更是开启了功在千秋的"丝绸之路"。

张骞的带货可谓世界级别的，司马迁称"然张骞凿空，其后使往者皆称博望侯，以为质于外国，外国由此信之"，大意是张骞开辟了通往西域的道路，后来出使西域的使者也都称作博望侯，以此来取信于外国，外国人因此而信任他们。梁启超更是称赞他为"坚忍磊落奇男子""世界史开幕一大伟人"。他先后两次出使西域，打通了中国与中亚、西亚、南亚以至通往欧洲的陆路交通，就是依靠这条道路，中国的丝绸、茶叶、漆器得以向西域和中亚等地区出售，同时欧洲、西亚和中亚的宝石、玻璃器等产品也才有机会来到中国。

汉武帝元鼎三年（前114年），张骞病逝于长安，归葬汉中故里。

才艺展示

各位老铁，大家好！我是张骞，我现在又来到了西域的大沙漠，你们看这风沙真大……

带货清单：葡萄、核桃、苜蓿①、石榴、胡萝卜和地毯……

作为国际海淘的先驱者，张骞绝对是前无古人、后无来者的大咖级人物。

在张骞的带货明细中，可以见到各种各样的农作物，如芋头、葡萄、黄瓜、石榴、核桃等。

许多人对免税店并不陌生，这可是一个低价购买海外商品的好地方。张骞从西域回来之后，在长安城的西市就开了一家"直营

---

① 豆科、苜蓿属植物。多年生草本，多分枝，高约30～100厘米。

店"。在这里，除了琳琅满目的稀有商品，如果幸运的话，还能听到张骞亲自给你介绍，从商品特色讲到风土人情，让你在现场听得津津有味。

面对这些压根就没见过的稀奇玩意儿，长安城的百姓们好奇心爆棚，纷纷慕名而来。一时间，这间小店成为长安城景点般的存在，不管需要不需要，大家都想着来开开眼界、见见世面。

对于达官显贵而言，张骞给他们解决了一大难题，就是逢年过节需要送礼的时候，如果实在不知道送什么好，那就直奔张骞这里选购新鲜的海外商品，肯定能包客户满意。

不过，张骞此前的代购之路并非一帆风顺，而是充满了艰难险阻，甚至一不小心就有一命呜呼的风险，所以在当时，这可是个高危行业。

当他们一行人抵达匈奴领地后，让他们出乎意料的是，迎接他们的不是热烈的欢迎和热情的款待，恰恰相反，匈奴人话不多说就直接把他们抓走了。尽管张骞一再解释，说自己是远道而来的外交使团，此次要去大月氏。但匈奴人可不管这一套，压根没有耐心听他解释，直接上演了一幕"我的地盘听我的"。

张骞被抓后，一困就是十年，匈奴人想方设法让张骞等人在匈奴落户，为了让他踏踏实实留下来，还给他安排了一门婚事。但这一切都没能让张骞放弃逃跑的念头，匈奴人日防夜防，根本不给他留任何逃走的机会。直到后来匈奴内乱，他才悄悄找到了自己人，一起秘密商量出逃。匈奴人忙着和自己人斗来斗去,无暇顾及张骞,他这才得以逃脱控制,继续自己的出使任务。此时,他已经被困长达十年之久,即便如此,他也没有忘记自己的神圣使命——通使月氏!且一定要把海外商品带回来!

使命感最强的带货达人,非张骞莫属。

幸运的是,被匈奴人囚禁的这十年,张骞也没混吃等死,他一边忍耐,一边学习着匈奴的语言,并对通往西域的道路做了详细的了解。出逃之后,他通过乔装打扮,在匈奴人的控制区域内,没有再被发现。

十年间星移物换,西域的形势大不如前,月氏也在敌国的逼迫下另寻土地西迁,重新建立了家园,但张骞还在继续跋涉着。在大戈壁滩上,有着滚滚热浪;在崇山峻岭间,有着刺骨寒风,奈何匆忙逃跑之间,最基础的水、粮食都变得极为稀缺。他们这一路上过得格外艰苦,吃不饱、穿不暖,逃出不久后,队伍中有不少人甚至丢了性命。

张骞历经千辛万苦,好不容易才来到大月氏,哪承想大月氏早就改变了对匈奴最初的态度。当时,大月氏人已经来到了新的国土上,那里有着肥沃的土地、富饶的物产,最关键的是距离匈奴和乌孙都很远,之前内忧外患的局面已经基本得到改善了。张骞这次来,就是想联合大月氏一起给匈奴施压,但人家大月氏已经将从前和匈奴的仇恨放下了,只想关起门安安静静地过日子。再说,汉朝距离大月氏也有着十万八千里,即便是一起攻打匈奴,万一出点什么差错,汉朝远水也解不了近渴,大月氏实在不想冒险。

为了说服大月氏,张骞在这里待了一年多,每天就是苦口婆心地劝说大月氏一起加油干掉匈奴,但大月氏也铁了心不想掺和。张骞知道自己努力过了,也清楚大月氏的种种考虑,最后也不好再强迫人家,只能返程,就在回国的路上,又不幸被匈奴人抓住了,又被扣押了一年多。再一次逃出来后,才安全到家。

当年出发的时候是一百多人,回来的时候只剩下了为数不多的几个人,确实付出了巨大的牺牲。第一次出使西域,张骞带回来了西域的详细情况,成为《汉书·西域传》的基础资料。万事开头难,第二次出使西域就变得比较顺利了。从此之后,汉朝与西域各国开始了友好往来,像天马、汗血马就是这个时候传入我国的,还有葡萄、核桃、苜蓿、石榴、胡萝卜和地毯等。当然,我们的丝织品和金属工具以及铸铁、开渠、凿井等先进技术,也传到了西域。

人物采访笔记

大会组委会:张总,您这海外代购的生意越做越大,有什么经验吗?

张骞:胆子得大。

大会组委会:那除了胆子大呢?

张骞：主要就是胆子得大。

大会组委会：嗯嗯，我们都知道您敢于冒险，但是就没其他要传授的经验吗？

张骞：没有，主要是胆子大。

大会组委会：好的……那……

张骞：胆子大就行了，还有问题吗？

大会组委会：还想问……

张骞：没有就先这样，拜拜啦！

知识小课堂

西域："西域"的地理范围界定，最早见于《汉书·西域传》。汉代的西域，狭义上是指葱岭以东，即汉代西域都护府统领之地。大致相当于今天新疆天山以南、塔里木盆地及周边地区。广义上的西域则除以上地区外，还包括中亚细亚、印度、伊朗高原、阿拉伯半岛、小亚细亚乃至更西的地区，事实上指当时人们所知的整个西方世界。

匈奴："匈奴"一词最早出现在战国时期的史籍上，据《史记》记载，在公元前3世纪后半叶，匈奴成为一支统一的、强大的民族。自冒顿单于（公元前209—前174年）起至匈奴西迁（公元91年，永元三年）止，匈奴奴隶制政权在大漠南北存在了整整三百年，此后离散的匈奴人又在我国历史上活跃了近二百年。至南北朝末期，匈奴才在我国史籍上渐趋消失。近代西方历史学家一般认为中原以北的匈奴人，是一些喜欢以马征战与结盟的游牧民族。

大月氏：大月氏是公元前2世纪中亚地区的游牧部族，在公元前2世纪以前居住在中国西北部，后迁徙到中亚地区。在中国先秦时代的古籍中，或译作禺知、禺氏、牛氏等，后来也有译作月支的。

司马迁：带你玩遍大江南北

大咖登记表

姓名：司马迁

昵称：太史公

性别：男

主要成就：编著《史记》，开创纪传体史书体裁

微博名称：@听我说历史这些事儿（粉丝千万+）

抖音名称：听司马迁讲故事（粉丝千万+）

朋友圈个性签名：读万卷书，行万里路

属性：史学家

爱好：历史

最大爱好：历史

出生年份：公元前145年（或前135年）

逝世年份：不详

话说司马迁

司马迁,史学界的"顶流",他撰写的《史记》是中国第一部纪传体通史,撰写了上至上古传说中的黄帝时代,下至汉武帝时期共3000多年的历史,鲁迅先生称之为"史家之绝唱,无韵之离骚",用"伟大"两个字来形容他老人家也不为过,所以后人尊称他为"史圣"。

黑格尔说:"历史,就是一种隐藏的力量。"确实,司马迁就是靠这种力量一路披荆斩棘、大步向前的。

用司马迁自己的话说,"迁生龙门",龙门是他家城北的一座山,名为龙门山。幼年时,他的家庭条件是比较差的,但挡不住一颗爱学习的心,他跟着乡里的老师开始读书认字。

司马迁六岁时,父亲司马谈被召入京师担任太史令。说起司马家的远祖,世世代代都是史官,但在司马谈之前中断了几代,直到司马谈这一代才续上了。

司马谈本身就是一个学识渊博的人,师从唐都学习天文,师从杨何学习《易经》,师从黄子学习道家学说,别看他学得挺杂,但都被他吸纳进了自己的理论体系。他对司马迁产生了深远的影响。

司马迁一边受父亲教导,一边跟着董仲舒和孔安国学习《尚书》《春秋》等典籍。随着年纪的增长,他博览群书,为撰写《史记》做了充足的准备。当然，司马迁还有一个独到之处：他不是只顾闷头读书写作，相反，他读万卷书，也行万里路，不远万里去实地考察，就这样，史料与实地考察相结合，最终成就了《史记》。

才艺展示：朗诵

作为一个史学家，作为一个著有《史记》的史学家，到了才艺表演的环节，就不得不朗诵一段我写下的最让我引以为豪的句子了。

修身者，智之符也；爱施者，仁之端也；取予者，义之表也；耻辱者，勇之决也；立名者，行之极也。士有此五者，然后可以托于世，列于君子之林矣。

——《报任安书》

带货清单：大江南北旅游套餐

为了写好《史记》，司马迁走遍了国内的名山大川，深入当地考察。书上关于风俗民情、文人轶事的只言片语，都在他的了解下变得更加丰满。他读万卷书，行万里路，实实在在地把自己变成了旅游大 V。

别人的 20 岁,可能是娶妻生子,享受着老婆孩子热炕头的安稳,司马迁的这一年,他以长安为起点,开启了走遍祖国大好河山的旅程。第一站,是长江流域,随后来到会稽,也就是今天的江苏、浙江一带,在这里,他近距离地感受了一下禹穴,之后他启程去了湖南九嶷山,据非官方的消息说,舜帝在南巡途中去世,之后就安葬在了九嶷山。

司马迁探访过后,又前往沅江、湘江一带,一路走走停停。后又来到汨罗江,他吊唁了屈原,到了长沙,又凭吊了贾谊,他走进他们生活过的地方,零距离倾听关于他们的传说和故事,然后赶紧都记了下来。

他来到山东汶水、泗水,也就是山东泰安附近,第一时间就去了战国时期的齐国、鲁国的都城临淄、曲阜,尤其是在曲阜,他感受到了孔子遗风。挥手作别曲阜,又来到孟子的家乡邹县,还登上峄山,看到了秦始皇南下时在这里留下的石刻。

继续走,走到了山东的鄄地、薛地、彭城。薛地这个地方很有意思,曾是战国四公子之一的齐国孟尝君田文的封地,让司马迁感受最深刻的一点就是,生活在这里的人们特别讲义气,肝胆相照。就这样,司马迁多方探寻,不断地收集一手资料,最终在写《孟尝君列传》的时候,思如泉涌,写出来的效果也是杠杠的。

从彭城出来之后,司马迁就奔向了大梁(现在的开封),

这里是战国时期卫国的都城。当地老百姓给他讲了魏公子信陵君礼贤下士的故事,除此之外,还了解了不少当地百姓才知道的事情。

这次漫游,持续了将近两年的时间,他不是单纯为了去看花看草、看山看水,而是花费时间和精力去了解、去融入,对他整个人的气魄都产生了影响,可以肯定的是,对他撰写《史记》的影响更为深远。《史记》整本书的内容要么生动活泼,要么荡气回肠,要么丰富多彩,这绝对得益于他的"脚踏实地"。

在此之后,司马迁也没少出去溜达,大江南北都留下了他的足迹。

人物采访笔记

大会组委会:您的《史记》写得太好了!麻烦您先给我签个名吧!

司马迁:好的,好的。

大会组委会:您去了大江南北那么多地方,哪个地方给您留下的印象最深刻呢?

司马迁:要说印象深刻,确实有不少地方,要说最深刻的,应该是曲阜吧,我看到儒生们在演习周礼,简直把我感动得泪流满面。孔子真的很了不起,他开创私人讲学之风,倡导仁义礼智信……

大会组委会：这些都是自费吧？

司马迁：可不？那时候也没在职，用不了公费。

大会组委会：这个问题是可以聊的吗？

司马迁：没事吧……要不掐了别播。

大会组委会：好的，好的。

知识小课堂

贾谊：西汉初年著名政论家、文学家，世称贾生。贾谊少有才名，十八岁时，以善文为郡人所称。文帝时任博士，迁太中大夫，受大臣周勃、灌婴排挤，谪为长沙王太傅，故后世亦称贾长沙、贾太傅。司马迁对屈原、贾谊都寄予同情，为二人写了一篇合传，后世因而往往把屈原与贾谊并称为"屈贾"。

孔子：名丘，字仲尼，春秋时期鲁国陬邑（今山东省曲阜市）人，是中国古代伟大的思想家、政治家、教育家，儒家学派创始人、"大成至圣先师"。他的思想对中国和世界产生了深远的影响。

孟尝君：本名田文，是战国四公子之一，父亲靖郭君田婴,祖父齐威王。孟尝君以轻财下士闻名于世,门下食客有数千人之多。任齐相时,采取远交近攻策略;后任魏相,转而联赵、燕等国,附秦攻齐,可谓权变之臣。

张敞：今天你画眉了吗

姓名：张敞

昵称：张子高

性别：男

主要成就：治京有奇招

微博名称：@今天你画眉了吗（粉丝千万+）

抖音名称：张老师教画眉（粉丝千万+）

朋友圈个性签名：每日一美眉

属性：宠妻狂魔

爱好：给老婆画眉毛

出生年份：不详

逝世年份：公元前47年

话说张敞

张敞,来自西汉,从基层工作做起,兢兢业业,不贪财,不好色,是个综合能力强且公正廉洁的好官。后来因为能力出众,被提拔做了太仆丞,具体来说就是管理皇帝车马的人,还不是个正职,只是个副手,相当于"弼马温",即便工作不起眼,但他依旧尽心尽力。

这个人确实有股狠劲儿,汉昭帝死后,昌邑王刘贺继位,一上台就毫无顾忌地任命了不少自己人。对于这种对江山社稷有害的事儿,张敞自然是看不下去了,话不多说,直接上书进谏,他把刘贺的所作所为骂了一个遍。这让辅政的大将军霍光眼前一亮,找机会废掉了刘贺,重新立了汉宣帝,张敞也因此被升了职。

张敞是个实干家,不管是在山阳郡当太守,还是在冀州做刺史时,都一如既往地勤勉肯干,给老百姓谋了不少福利,因此受到了百姓的爱戴和拥护。

在担任京兆尹一职时,赶上长安境内的社会秩序出奇的乱,时不时就发生盗窃案件,总是发生这样的事情,让负责长安地区的京兆尹很难混,工作做不好,乌纱就不保,所以这个地区的京兆尹也是换来换去。宣帝将张敞叫过来,问他这个问题咋解决,张敞对答如流,宣帝瞬间对他充满了信心,就赶紧把他调了过去。

张敞到岗之后,没有急着开工,而是穿着便衣四处察访。他找商贩和居民详细地了解情况，皇天不负苦心人，还真的从一些老人口中打探出了重要的线索。原来，天天出来偷东西的人，竟然是几个家里有钱有势的人，这还真是挺有意思，不缺钱的人竟然干偷偷摸摸的事。有了线索之后，张敞没有声张，而是派人悄悄将这些盗贼的几个首领请到了府中，当着他们的面，将所掌握的罪证都一一拿出，这几个人也是做贼心虚，基本没怎么反抗就乖乖地交代了。他们都认罪之后，张敞竟然没有惩罚他们，过了几天，不仅放了他们，还给他们都封了小官。

其他人大为不解：这些盗贼穷凶极恶，不仅不杀，怎么反而还要给封官呢？张敞则说道："此处盗贼众多，如果不能一网打尽，单杀这几个盗贼也起不了多大的作用，我自有计策将他们一网打尽。"

这几个盗贼回到家后，以为张敞是碍于自己的权势才放了自己，于是又设宴又张灯结彩，其他同伙也都兴高采烈地来庆祝，最后喝得不省人事。张敞按照之前的计划，突然带人闯入，就这样不费一兵一卒将他们一网打尽了。此后，长安境内的社会治安也有了重大的改善。

才艺展示：画眉

终于到了才艺展示这个环节了，我等了好久了，必须趁着这个机会，给大家展示一下我画眉的技术，女粉丝不能错过，男粉丝也要学起来，绝对能哄媳妇儿开心，媳妇儿开心，咱们才能开心。

带货清单：画眉手法、画眉工具

看张敞上班的做派，确定是个钢铁直男，但在生活里，他是个如假包换的宠妻狂魔，跟不懂风情的直男一点也不沾边，也正是因为在老婆身上花了不少心思，才有了与人设差别较大的——美妆博主的身份。

什么？！大老爷们卖化妆品？对，张敞就是边秀恩爱，边带货，粉丝是一边羡慕嫉妒地吃狗粮，一边心甘情愿地买买买！

他在长安做京兆尹的时候，在去上班之前必做的一件事就是给夫人画眉。什么？！男人给女人画眉？是不是又被震惊到了？他不仅给媳妇画眉，而且技术还特别好，他独创的画眉手法让整座长安城的姐姐妹妹们为之疯狂。但凡有关眉毛的话题，那张敞雷打不动地是TOP1位置，热搜也都是张敞的画眉手法、张敞的画眉工具等。

那张敞的夫人到底是何方神圣，能让一个大老爷们天天给她画眉呢？说起他们的爱情故事，那就是——命中注定我爱你。张敞与夫人自幼相识，可以说是青梅竹马。在一次嬉闹玩耍时，张敞一个不小心就把石头扔到了这位未来夫人的脸上，也是这么一下子，未来夫人的眉毛处留下了一道伤疤。原以为这也不算是多大的事，谁承想后来张夫人到了谈婚论嫁的时候就是没能嫁出去，这让张敞内疚万分，大丈夫敢作敢当，直接上门提亲，并且向媳妇承诺，以后天天给她画眉，让她天天能漂漂亮亮地见人。

承诺容易，兑现承诺不容易，但张敞做到了。就这样，他不仅是模范丈夫，还是一位美妆博主，引领着那时爱美人士的画眉潮流。有人爱就有人恨，这话着实没错，被万千女性追捧的张敞，在同僚心中就是一个没正形的大臣，一言不合就被举报，说他"无威仪"——不顾自己形象也就算了，还直接拉低了其他同僚的形象。

估计汉宣帝原本也不太想管，奈何投诉太多了，不得不当面问张敞："听说你天天给自己媳妇画眉毛，还让整个长安城都知道了，甚至有不少人还去打听你怎么画眉毛。真有这件事吗？"张敞的优点是直言不讳，缺点也是直言不讳，见皇帝这么八卦，他也没收敛，直接怼了回去："闺房之乐，有甚于画眉者。"也就是回一句：画了咋的？作为合法夫妻，画眉属于闺房之乐，还有比这更刺激的事情，要不要说给你听听？

汉宣帝也是见过世面的人，被张敞这一怼反而安静了下来，不但没有怪罪张敞，反而觉得完全可以理解，原因就在于他本身也是个情种，"故剑情深"说的就是他。在这之后，皇帝倒是不介意了，但是其他人却耿耿于怀，每当张敞有机会升职加薪的时候，其他人就会跳出来说他"无威仪"，快到手的机会也就这样飞了，不过好在张敞丝毫不介意，老婆孩子热炕头就足够了。

若张敞开直播的话，张夫人肯定会来捧场。粉丝买的是东西吗？不是，粉丝入手的是他们的爱情故事。试问谁不想当张夫人呢？当不了张夫人，至少还能让自己的眉毛漂漂亮亮的，去寻找属于自己的"张先生"。这种有甜蜜属性的主播，太让人爱了！还得推荐给其他姐妹一起种草、一起剁手！

 **人物采访笔记**

大会组委会：张大人，今天又带着张夫人来开播了？

张敞：嗯哪，夫人，来，看镜头比个心。

大会组委会：……我看您直播间场场爆单，请您给其他美妆博主一些建议吧！

张敞：建议啊？我想想（做思考状）。哦，简单，就是别做单身狗。

大会组委会：单身狗您可以不爱，但是您不能伤害他们啊……

张敞：哈哈哈，这不是你让我给点建议吗？

大会组委会：……（宝宝心里苦，但宝宝不说话）

张敞：直播间的粉丝们，下一期教你们画桃花眉哟，拜拜！

大会组委会：……（我是不是很多余）

知识小课堂

故剑情深：比喻结发夫妻情意浓厚。主角就是咱们的汉宣帝刘询和他的结发妻子恭哀皇后许平君，当19岁的刘询被权势滔天的大将军霍光迎立为皇帝后，干脆利落地下了一道诏书，全文让人莫名其妙，说他在贫微之时，就很喜欢一把古剑，现在十分想念它，希望众位爱卿能想办法给他找回来。大臣们都猴精猴精的，一下子就懂了，马上联合奏请立当时被封为婕妤的许平君为皇后，这件事也被称为故剑情深。

京兆尹：是中国汉代官名，为三辅（治理京畿地区的三位官员，即京兆尹、左冯翊、右扶风）之一。主管今西安及其附近地区，地位相当于如今首都的市长。西汉长安流传着一句话："前有赵、张，后有三王。"说的是五位有名望的京兆尹，其中的张，就是指张敞。

赵飞燕：小仙女们必须有的一条裙子

大咖登记表

姓名：赵飞燕

昵称：飞燕宗姬

性别：女

主要成就：创"掌上舞""踽步"

微博名称：@一只小燕子（粉丝百万+）

抖音名称：一只小燕子（粉丝百万+）

朋友圈个性签名：小燕子穿留仙裙，年年春天来这里

属性：会跳舞的美女

爱好：跳舞

出生年份：保密

逝世年份：公元前1年

话说赵飞燕

赵飞燕是汉成帝刘骜的第二任皇后,生于京师长安城,刚出生的时候还被父母嫌弃,直接给扔了,过了三天,父母发现她还活着,就勉强把她抱了回来。后来,她当了宫女,在阳阿公主府学习歌舞,在那么多人之中,她是最特别的那一个,舞姿轻盈,像一只飞燕,也就得了一个"飞燕"的名字。

才艺展示:掌上舞

咱就是说,在古代带货大会这么隆重的场合,没有歌舞助兴怎么行?我就想在才艺展示环节,给大家献上一段掌上舞,请大家欣赏,千万不要吝啬掌声,谢谢!

带货清单：留仙裙

赵飞燕的皇帝老公刘骜，有一个笃信道教的祖先——汉武帝刘彻，刘彻为了邀请仙人下凡，特意修建了太液池与瀛洲岛，不过也就他自己重视。汉成帝刘骜就对神仙不怎么关心，他更在意怎么让自己每天玩得尽兴。对他来说，那么好的太液池不用来享受太亏了，所以他又让工匠在太液池中的瀛洲岛上修建了一座十多米高的赏景台。

这座赏景台也是赵飞燕的工作台，刘骜让她在这上面翩翩起舞，幸好赵飞燕没有恐高症，要不然还没开始跳，人就要晕过去了。不过，赵飞燕第一次在台子上跳舞的时候，没有让刘骜满意，她的舞姿依旧摄人心魂，但败笔却在服装上。那么曼妙妖娆的线条，全被臃肿的衣服挡住了，这舞算是白跳了。

赵飞燕思来想去，自己编排的动作没有问题，但演出服必须换。巧的是，南越国正好送来一批女装当贡品，赵飞燕相中了那件"云英紫裙"，换上之后再次登台。这次效果拉满了，赵飞燕就如同仙女下凡，让刘骜看得如痴如醉。千万别觉得是刘骜没见过世面，其实换谁也得醉，这件薄如蝉翼的云英紫裙，让赵飞燕的小蛮腰变得更有韵味了。长裙随风飘荡，显得赵飞燕更加灵动，刘骜就随着她的摆动而心神荡漾。

就在刘骜沉浸其中无法自拔的时候，忽然狂风大作，瘦小的赵飞燕站在高台之上，就好像要被吹到天上去。见到此情此景，刘骜直接急了，赶紧让舞台旁边的冯无方抓住赵飞燕，唯恐她真的飞走了。冯无方也是眼疾手快，第一时间就抓住了赵飞燕，但太着急了，劲儿使大了，原本好端端的云英紫裙被抓出了褶子。

冯无方瞧着这一把褶子，直接吓得没魂了，赶紧跪在地上请罪。这衣服可不是一般的衣服，弄皱了可不是小事，冯无方是真真切切地害怕了，感觉自己小命不保。然而，让冯无方没想到的是，刘骜不但没有怪罪他，反而鼓起了掌，称赞这一把褶子让裙子更有风韵了。

要说还是赵飞燕有商业头脑，直接恳请刘骜给这款新裙子赐个名字。刘骜一听，觉得这事靠谱，歪着脑袋琢磨半天，他的逻辑大概是这样的：刚才赵飞燕就像是仙女，差点被风带走，但既然已经下凡，就不想让她再回去了，所以取名就叫——留仙裙。

被皇帝赐名的裙子，还有不火的道理吗？当然没有。打这一天起，云英紫裙就有了升级版，裁缝们故意将裙摆的地方弄出些褶皱，就是这么一个小小的改变，留仙裙成为当时最时髦的款式。话说回来，褶皱是一个特点，但不是所有裙子有了褶皱都好看，比如粗布裙也可以来点褶皱，但略显厚重，丝毫营造不出来轻盈的感觉；丝绸裙可以制造轻盈的感觉，但不太好弄出合适的褶皱，所以，留仙裙就得是薄纱款。

潮流风尚是不讲道理的，当时无论哪个时髦女性，都自然不会错过这样一条独具风格的裙子。结果当然是裙子"大卖"啦！

人物采访笔记

大会组委会：赵小姐，您能传授粉丝一些保持体形的秘诀吗？

赵飞燕：秘诀？这还真没有，可能就是天生的。

大会组委会：那在饮食上，或者运动方面，您就没有什么注意事项吗？

赵飞燕：没有，该吃吃、该喝喝，运动的话，我倒是经常跳舞，这应该算作一种运动吧。

大会组委会：呃……让我们一起《不如跳舞》……

赵飞燕：要得！（四川话：表示同意。）

知识小课堂

汉成帝刘骜：汉宣帝刘询与恭哀皇后许平君的孙子，汉元帝刘奭与孝元皇后王政君的儿子。出生没多久就被汉宣帝刘询册封为皇太孙，摆明了待汉元帝百年之后，江山就得传承给他。

汉武帝刘彻：刘彻初封胶东王，七岁被立为皇太子，十六岁继承皇位，在位五十四年，功业甚多。刘彻迷信神仙，热衷于封禅和郊祀，曾多次巡游各地，挥霍无度。在位晚年，社会矛盾日益尖锐，关东流民达二百万，农民起义频繁。宫廷发生"巫蛊之祸"，导致太子刘据自杀。征和四年（前89年）下轮台诏，拒绝桑弘羊募民屯田轮台的建议。后元二年（前87年），刘彻驾崩，享年七十岁。

冯无方：他官至侍郎，是个音乐达人，会弹奏各种乐器。冯无方因为赵飞燕的留仙裙而出名。

韩康：不还价就是我带货的秘诀

大咖登记表

姓名：韩康

性别：男

主要成就：坚守"不还价"

微博名称：@还价请绕道（粉丝千万+）

抖音名称：老韩的草药铺（粉丝千万+）

朋友圈个性签名：买就买，不买就拉倒，还价免开尊口

属性：倔强

爱好：卖药

出生年份：不详

逝世年份：不详

话说韩康

纵观古今，可以说名人志士数不胜数，他们各有各的特点，有时候，他们的风格深受时代的影响，带着所处时代的专属烙印。比如唐朝，名人们喜欢纵情高歌，大口吃肉、大口喝酒，追求高调做人、高调做事，人生要的就是一个痛快。比如东汉时期，大家都追求隐逸，希望安安静静地做一个小透明，不想受外界纷纷扰扰的影响。

韩康，就是这样一个典型的具有东汉性格的人。在皇甫谧写的《高士传》中有他的故事，说他学识渊博，却不喜欢张扬，向来非常低调。但就是这么一位追求隐逸的人，带起货来却很厉害，让人忍不住脱口一句："大佬。"

才艺展示

哎呀，我也没什么才艺，实在不知道该表演些什么。要不给大家展示一下我的药材吧，绝对货真价实，买到就是赚到，谁买谁知道。

带货清单：药材

韩康卖药驰名中外，不是因为他卖的药是稀世宝物，而是因为他不接受还价，他说卖多少钱就是多少钱，想还价的话，对不起，恕不接待。

有人会说，哪有一口价的买卖？不让讨价还价，这生意肯定没法做了。然而，坚守自己的定价来出售正是韩康的带货秘诀。他在长安集市上卖了三十年的药材，可能药材会时不时发生变化，今天采到了这个，明天或许就采到了别的，但原则始终如一，就是不许讲价，而且没商量，如果你执意要讨价还价，那他只会和你say goodbye 了。

有一次，一位路过的女士过来买药材，她是真心想要，也是真心觉得贵,所以一个劲儿地讨价还价,简直嘴皮子都快磨破了,韩康还是那句话——"还价就不卖了。"这可把顾客气炸了,直接开吼:"难道你就是韩柏休?!买个药材还不让还价!你这哪是诚心做买卖啊!我跟你说你不能这样卖东西!"

这位女士巴拉巴拉地说个不停,韩康打断了她,无奈地解释说:"原本是为了逃避现实,结果搞得人人都认识我,干脆也别卖药了。"顾客急眼了,卖货的也急眼了,看来这买卖是做不成了。

韩康收拾行囊来到了霸陵山,决心暂时退出带货圈,他需要好好盘算一下接下来该怎么办。不过还没等他自己盘算清楚,朝廷倒是想明白了,听说韩康就在山中隐居,想邀请他出山做官,于是接连派了好几批人进山找他。对于做官,韩康是一百万个不愿意,他喜欢带货,甘愿时不时与顾客打打交道,但是与朝廷打交道,那真是要了他的命了,任凭对方好说歹说,就是不想去做官。

对此,汉桓帝表示有一百万个不甘心,他亲自为韩康精挑细选准备厚礼,然后派遣专员驾着豪车去接他上班。谁知道,面对汉桓帝的这番好意,韩康表面上是不敢抗旨,同意去做官,实际上,他打起了自己的算盘。他提了一个条件,那就是不坐汉桓帝安排的马车,只驾驶自己的小破牛车去赴任。对方同意之后,他还没等天亮就自己先出发了。

汉桓帝派人来的同时,为了让韩康路途顺利,特意安排了人马修路架桥。韩康驾着自己的牛车,路过一个驿亭,奉命为韩康架桥的亭长看见路过的韩康，完全没有认出他来，以为他就是一个野老田夫，就直接下令把他的牛车给征用了。

韩康本来就不是真心想去做官，牛车被征用，正好符合他的心愿，车都没了，还怎么去做官呢？心里正偷着乐呢，使者的豪车到了，亭长这才知道刚才那老头就是韩康，一时间吓得要尿裤子了。使者也挺够意思，想直接斩了亭长给韩康赔不是。韩康解释说，这牛车是他主动交给亭长的，亭长只是顺从他的好意而已，完全没有任何罪过。

在回京途中，韩康找到了逃跑的最佳时机，趁着他们都忙活其他事的时候，一溜小跑就进了深山老林。他官虽不做了，但还接着带货，依旧是不讲价，不过比以前可谨慎小心多了。

人物采访笔记

大会组委会：韩老师您好！当初您是怎么下决心不让消费者还价的呢？

韩康：没什么可下决心的，想到就做了。

大会组委会：您不担心销量吗？

韩康：你看我像是担心销量的人吗？

大会组委会：这个……倒是不像，但不是卖得越多越好吗？

韩康：年轻人，格局大一些，什么叫多，什么叫少？

大会组委会：这个……（这老先生不会是要给我上课吧……）

韩康：我卖出去的每一种药材都是经过精挑细选的，有缘人买到就是赚到。

大会组委会：您说得对，一切尽在不言中！

知识小课堂

皇甫谧：皇甫谧在42岁时，患了风痹，肢体行动不便，所以开始潜心钻研医学，魏晋朝廷诚心请他去做官，但他一直婉拒，一门心思地研究医学，在针灸方面取得了很大的成就。

《高士传》：作者皇甫谧，分上、中、下三卷，按照"身不屈于王公，名不耗于终始"的标准，涉及尧、舜、夏、商、周、秦、汉、魏八代之士，立91传。

孙寿：美妆找我，帮你俘获男人心

大咖登记表

姓名：孙寿

昵称：悍妇（如果这算昵称的话）

性别：女

主要成就：祸害奸臣梁冀（如果这算成就的话）

微博名称：@潮流美妆跟我学（粉丝百万+）

抖音名称：美妆达人寿寿（粉丝百万+）

朋友圈个性签名：不爱美的女人没有前途

属性：美妆达人

爱好：研究美妆

出生年份：是个秘密

逝世年份：159年

话说孙寿

孙寿这个女人不简单,作为东汉权臣梁冀的妻子,不但把丈夫拿捏得死死的,还在美妆潮流上颇有研究。要说她有多厉害,就得先说说她的老公梁冀——一个在官场呼风唤雨,但对媳妇俯首称臣,甚至打不还手、骂不还口的男人。梁冀有着显赫的身世,一门七侯,权倾天下,他有三个姐妹是皇后,六个姐妹是贵人,还有一群是达官显贵的亲戚。梁冀做了二十多年的大将军,由他扶上台的皇帝就有三个,甚至还毒死了一个。但就是这样一位古代版的霸道总裁,在面对自己媳妇的时候,就像老鼠见了猫。

孙寿本身是个大美人,颜值即正义,颜值即资本,所以她在飞扬跋扈的梁冀面前,也是我行我素,任意妄为。俗话说得好,不是一家人不进一家门,这两口子都是奢靡无度之人,而且为非作歹,不过一物降一物,孙寿就是梁冀的克星。梁冀三天两头在外面拈花惹草,孙寿可忍不了,但凡发现梁冀有出轨的迹象,就立马快准狠地解决掉。

有一次,孙寿得到消息后,都不带犹豫的,直接带人杀了过去,把梁冀的情妇绑了过来,甚至私设公堂。要说这女人是真够狠的,知道女人爱美,就剪了那情妇的头发,还划伤了她的脸。她对情妇狠,对老公更狠,直接给皇帝写了一封举报信,说梁冀生活作风有问题。

面对比自己还霸道的娇妻，梁冀是敢怒不敢言，只能眼睁睁看着自己的小情人受苦受难，等自己回到家，还得向孙寿赔礼道歉，甚至口头道歉都不管用，还得跪下。不过哪里有压迫，哪里就有反抗，梁冀表面上顺服，背地里又找到情妇双宿双飞，在孙寿严密的监视下，愣是和情妇生了一个儿子，可笑的是，权倾朝野的他竟然不敢给儿子上户口，还得偷偷凿了有夹层的墙壁，让孩子生活在里面，唯恐让孙寿知道。

天下哪有不透风的墙？孙寿很快就知道了，并且让她的儿子去杀了情妇。更绝的是，孙寿不让梁冀背叛她，但她早就背叛了梁冀，梁冀头上的绿帽子早都绿得发亮了，但梁冀知道这事儿也当不知道，不敢表现出半点怨言。

才艺展示：驯夫

孙寿这个人虽然有污点，但是她在驯夫这个领域拿捏得很到位，估计不少已婚的、未婚的姐妹都很想知道孙寿到底是怎么做到的。

孙寿表示：第一，心要狠。俗话说，女人不狠，地位不稳。男人嘛，该打就得打，该骂就得骂，一天不收拾就容易上房揭瓦。第二，心要细。但凡有点风吹草动，就不能惯着，得立马行动起来，尤其是对路边的野花野草，绝对不能听之任之。

带货清单：潮流美妆

孙寿长着一张精致的脸蛋，而且格外会打扮，在其他女生都在学习仿妆的时候，她就是那个被学习者，掀起了那个时代的美妆潮流。

东汉桓帝元嘉年间，京城里爱美的小姐姐、小妹妹们，都将孙寿视为潮流风向标，像是火得一塌糊涂的愁眉、啼妆、堕马髻等，都是孙寿带火的。

在《风俗通》中，就详细描述了她的美妆攻略。第一步是眉毛，叫作"愁眉"，就是把眉毛画得细细的，而且还得是弯弯曲曲的，这样就会呈现出一种愁容满面的感觉。第二步是整体要有哭过的氛围感，叫作"啼妆"，这就要在眼睛下面下功夫，像是刚刚哭过似的，显得楚楚动人。第三步就到了发型了，叫作"堕马髻"，就是要把发髻往一边梳梳，精髓就在于一个字——乱，不知道的还以为是刚从马上摔下来造成的呢。

以上三步，属于在外貌上发力。孙寿还有两招，就是"折腰步"和"龋齿笑"。"折腰步"是很讲究的，走路的时候要如同柳条一般摆动起来，当然，前提是腰得细，要不然不容易走出好的效果。"龋齿笑"这个就有点考验演技了，在笑的时候不能哈哈大笑，也不能傻呵呵地笑，就得是微微一笑，关键点就在于模仿牙疼时的感觉。

孙寿这一整套"可怜相",戳中的是男人的保护欲,试问哪个男人看见楚楚可怜的姑娘能不动心?这就是她的精妙之处。

孙寿在美妆上是头部大咖,别说她推荐过的产品,就是她用过的胭脂妆粉都被冠以"孙寿同款",一上架就会秒空。而且更夸张的是,她的名气已经传到了邻国,有权有势的夫人们,会派人偷偷跟踪孙寿,看见她买啥就买啥。孙大咖这个带货能力放眼世界也是数一数二了。

人物采访笔记

大会组委会:孙姐,您今天这个打扮依旧那么美丽动人。

孙寿:孙姐??

大会组委会:小姐姐,小姐姐……(战战兢兢)

孙寿:这还差不多,我很老吗,很老吗?

大会组委会:没有没有没有……(脑袋摇得像拨浪鼓一样)

孙寿:小心你的舌头。

大会组委会:咱这可是法治时代……

孙寿:咦??威胁我???

大会组委会:您先忙,您先忙,我还有事就先走了……(拔腿就跑)

《风俗通》：又名《风俗通义》，作者是东汉文人应劭，是一本风俗书。书中记述了当时的社会风俗和一些破除迷信的故事，整本书充满智慧，而且通俗易懂，十分生动。

梁冀：东汉时期外戚、奸臣，大将军梁商之子，两妹梁妠、梁女莹为顺帝、桓帝皇后。为人蛮横放肆，平日里游手好闲，基本是个文盲，只会抄抄写写。延熹二年（159年），汉桓帝与中常侍单超等人共谋诛灭梁氏，收缴了梁冀的大将军印绶，梁冀与妻被迫自杀，后满门老少皆被斩首。没收其家产合计三十余万万，相当于东汉政府一年租税收入的一半。

第二章

三国两晋网红多

曹操：本王卖的东西,绝对令人垂涎三尺

大咖登记表

姓名：曹操

昵称：阿瞒

性别：男

主要成就：实行屯田制，统一中原、北方，奠定曹魏政权的基础

微博名称：@一代枭雄（粉丝千万+）

抖音名称：举杯就完事了（粉丝千万+）

朋友圈个性签名：老骥伏枥，志在千里

属性：文武双全

爱好：从政

出生年份：155年

逝世年份：220年

话说曹操

曹操,一代枭雄,在动荡的三国时期,可以说是大大的名人。在小说《三国演义》中,他也是极为重要的人物,不过小说与真实历史还是存在一些偏差的。东汉末年,天下乱成了一锅粥,曹操也忙得团团转,不但要降伏匈奴、乌桓和鲜卑等少数民族政权,还要统一北方,稳定社会秩序。你可不要以为他是个只会打仗的粗人,恰恰相反,他在文学和书法方面也是翘楚。曹操是建安文学中无可争辩的文坛领袖:脍炙人口的《观沧海》《龟虽寿》《短歌行》三首古诗,是他创作的;"衮雪"摩崖石刻,这件书法佳作,也是他的真迹。曹操,是能文能武的代表人物。

才艺展示:诗歌朗诵

诗歌朗诵我也可以,平时也没少写,就挑一首大家耳熟能详的吧,名叫《短歌行》,别看叫"短歌行",其实也不算短了,还请大家欣赏:

> 对酒当歌,人生几何!譬如朝露,去日苦多。
> 慨当以慷,忧思难忘。何以解忧?唯有杜康。
> 青青子衿,悠悠我心。但为君故,沉吟至今。

呦呦鹿鸣，食野之苹。我有嘉宾，鼓瑟吹笙。
明明如月，何时可掇？忧从中来，不可断绝。
越陌度阡，枉用相存。契阔谈䜩，心念旧恩。
月明星稀，乌鹊南飞。绕树三匝，何枝可依？
山不厌高，海不厌深。周公吐哺，天下归心。

带货清单（1）：帢巾

曹操是时尚博主，你信吗？这可不是说着玩的，帢巾就是他发明的，因为日常穿搭可增添几分帅气，又兼具御寒等功能，所以谁看到都忍不住想加入购物车。

东汉末年，连年战乱，物资匮乏，就是实力强大的部队也缺钱。许多部队都拿不出一顶像样的军帽，着装不统一，就更显得整体松松垮垮，部队威严大打折扣。当时，大家普遍戴的是幅巾，就是用一幅细绢包住头，然后留两条小尾巴自然垂在肩膀上。

人人都有自己的幅巾，但颜色不一样，戴起来也不整齐，曹操越看越别扭，干脆亲自担任设计师，为大家设计一款。有了想法之后，曹操参考了古代皮弁的形制，设计了帢巾作为军帽。简单来说，帢巾有三个突出的优点：一是穿戴方便，大家也比较容易接受；二是防风御寒又能增添时尚感，也让大家没理由不安排一件；三是有不同的颜色，能够区分部属，免得大家都戴一模一样的，不好辨别。

带货清单（2）：美食

曹操还是一位养生博主，在他的直播间里，最不能缺少的就是美味又健康的好吃食。在百忙之中，他还撰写了一本叫《四时食制》的书，内容主要是介绍四季饮食，比如冬天吃什么对身体有益、时令菜都有哪些特性、在饮食上存在什么禁忌，都给你讲得明明白白的。

在他的直播间，水产是卖得最好的。因为在《四时食制》中，他介绍了14种鱼，产自哪里、怎么烹饪才最合适，都写得很详细。买鱼，就在曹老板的直播间买，顺带送你一本《四时食制》，不用怕不会做，这服务意识真是到位了。

这么有诚意的主播，你能忍心不下一单吗？

带货清单（3）：美酒

好吃好喝才对得起自己，在曹老板直播间下单了鱼，哪能不再带点美酒回家呢？

东汉建安元年（196年），爱喝酒的曹操用十万分的认真写了一篇《上九酝酒法奏》，向汉献帝刘协推荐了自己家乡亳州产的"九酝春酒"。他饱含感情地写道："臣县故令南阳郭芝，有九酝春酒。法用曲三十斤，流水五石，腊月二日清曲，正月冻解，用好稻米，漉去曲滓，便酿法饮。曰譬诸虫，虽久多完，三日一酿，满九石米止，臣得法，酿之，常善；其上清滓亦可饮。若以九酝苦难饮，增为十酿，差甘易饮，不病。今谨上献。"

就跟卖鱼的时候一样，卖酒也是详细介绍了酒的做法，让你吃得舒心，喝得放心。据不可靠的消息说，九酝春酒就是古井贡酒的源头，被曹操推荐之后，就荣登了皇室贡品的榜单。曹老板着实厉害，家乡特产就这么被他带到了皇帝面前，多么高明的推广手段啊！

就像曹操诗中所说："对酒当歌，人生几何！譬如朝露，去日苦多。慨当以慷，忧思难忘。何以解忧？唯有杜康。"人生嘛，就是要痛快饮酒，想要解忧，那就喝杜康吧！

 人物采访笔记

大会组委会：曹老板最近直播搞得风生水起，恭喜恭喜啊！

曹操：哈哈哈，这全靠选品选得好啊！

大会组委会：您可以聊聊是如何选品的吗？

曹操：当然可以。选品啊，主要还是得注重品质，我一般都是自己先试用，用得好我才会推荐给大家，尤其是这些吃的喝的，品质不过关那是绝不能上架的，咱们不能赚这个黑心钱。比如这个酒，我不但要严格品控，还会亲自搞定酿酒技术……（此处省略五千字）

大会组委会：嗯嗯嗯嗯！（怎么还没结束，我都快憋不住想去厕所了……）

知识小课堂

建安文学：建安是汉献帝的年号，建安文学，指的是曹氏势力统治下的文学，创作主要是在建安年间。代表作家主要是曹氏父子（曹操、曹丕、曹植），建安七子（孔融、陈琳、王粲、徐幹、阮瑀、应玚、刘桢）和蔡琰等。他们才华横溢，敢于直抒胸臆，抒发了渴望建功立业的雄心壮

志，掀起了我国诗歌史上文人创作的第一个高潮。

"衮雪"摩崖石刻：目前，我们唯一能见到的曹操手书真迹，就是"衮雪"二字。东汉建安二十四年（219年），曹操在汉中褒谷驻军，目睹褒河流水汹涌而下，撞石飞花，兴致大发，就在石门栈道上挥笔写下"衮雪"二字。随从还在一旁提醒他说："衮字缺水三点。"谁知曹操哈哈一笑，解释说："一河流水，岂缺水乎！"

曹丕：不吃葡萄的人生，是没有滋味的

大咖登记表

姓名：曹丕

昵称：魏文帝

性别：男

主要成就：建立曹魏；大破羌胡，复通西域；繁荣建安文学

微博名称：@就是那个曹丕（粉丝百万+）

抖音名称：就是那个曹丕（粉丝百万+）

朋友圈个性签名：不吃葡萄的人生，是没有滋味的

属性：水果爱好者

爱好：吃葡萄

出生年份：187年

逝世年份：226年

话说曹丕

魏文帝曹丕,是枭雄曹操之子,俗话说虎父无犬子,曹丕也是文武双全,是三国时期出众的政治家、文学家。

曹丕的政治业绩可谓杠杠的。当时,曹氏与士族之间的矛盾尖锐,为了让彼此的日子都好过一些,曹丕采纳了陈群的建议,确立了一项重要的制度——九品中正制,从而顺利缓和紧张的关系,还顺手赢得了士族的支持。事实证明,曹丕的这一步走得太对了,为他日后称帝做了铺垫。

称帝之后,曹丕延续了自己的优良业绩,他三下五除二地揽过大权,设立了中书省,给了士人展现实力的机会,在他的筹划下,中书省也慢慢成为机要部门。为了防止宦官专权,他直接签署了"宦人为官者不得过诸署令",还下令太监不能随便掺和政事。总体来说,曹丕的政治才能还是挺突出的,但要说到军事才华,这小子也确实远远比不上他的父亲曹操。

曹丕做皇帝出色,写诗作文也一样出色,与其父曹操和弟弟曹植并称"建安三曹"。他写的《燕歌行》是中国现存最早的文人七言诗,他也比较擅长五言和乐府。他写的《典论·论文》,是中国文学批评史上第一篇专题论文,直接起到了开风气的作用。

才艺展示：朗诵诗歌

听说可以朗诵诗歌，那我也朗诵一首自己的诗吧，《燕歌行》：

秋风萧瑟天气凉，草木摇落露为霜，群燕辞归雁南翔。
念君客游思断肠，慊慊思归恋故乡，何为淹留寄他方？
贱妾茕茕守空房，忧来思君不敢忘，不觉泪下沾衣裳。
援琴鸣弦发清商，短歌微吟不能长。
明月皎皎照我床，星汉西流夜未央。
牵牛织女遥相望，尔独何辜限河梁？

这首诗呢，主要讲了一位女子对丈夫的思念之情。王夫之称赞这首诗"倾情，倾度，倾色，倾声，古今无两"，我觉得夸得有点过分了，哈哈！

带货清单：葡萄

早在先秦时期，中原地区还见不到葡萄，直到汉武帝时期，张骞开启了海淘线，远赴西域将葡萄带了回来。据《史记·大宛列传》记载："汉使取其实来，于是天子始种苜蓿、蒲陶肥饶地。"当时，葡萄不叫葡萄，而叫蒲陶，后来成了曹丕的心头最爱。

在曹丕之前,葡萄还只是小众的水果,只有皇宫里的达官贵族才有机会一品它的甜美,直到遇见曹丕,他不仅自己爱吃,还乐于与众同乐,在宴请群臣的时候少不了拿出葡萄款待大家。一国之主什么美味佳肴没吃过,依旧真挚地赞美葡萄,说"南方有龙眼荔枝,宁比西国蒲萄石蜜乎"。

皇帝亲自带货,葡萄不火都难。就这样,从曹丕喜欢葡萄慢慢发展到大家都喜欢葡萄,受众广了、市场大了,种植葡萄的人也就多了起来。当时,凉州[①]是有名的葡萄产地,就连曹丕尝过那里的葡萄后都说好。他夸赞说:"醉酒宿醒,掩露而食,甘而不饴,脆而不酸,冷而不寒,味长汁多,除烦解倦……道之固已流羡咽唾,况亲食之邪……即远方之果,宁有匹者乎?"你看,这小词用的,甜而不腻、脆而不酸、甘甜绵长,真是光听他说就馋了,换作是谁也挡不住这一波疯狂安利。

此话一出,就等于是皇帝亲自为凉州的葡萄代言,加之价格不贵,普通家庭也吃得起,一时大江南北都在吃凉州的葡萄。

当葡萄走入寻常百姓家后,豪门贵族为了引领潮流,开始酿起了葡萄酒。在豪门贵族的餐桌上,少了葡萄酒那是相当没排面的。

到了唐太宗贞观十三年(公元639年),唐军攻破高昌国,也就是如今的新疆吐鲁番,解锁了马乳葡萄种(形状像马奶子头而得

[①] 今甘肃省武威市的古称,享有"天下要冲,国家藩卫"和"五凉京华,河西都会"的美称。

名）和葡萄酒酿造法，一时间，唐太宗便成了葡萄酒的忠实粉丝，还对酿酒之法进行了研究，通过调整酒曲和曲量，酿成了八种葡萄酒，而且"芳辛酷烈，味兼醍醐"，可以称得上等佳酿。

大臣魏徵就是酿酒的高手，唐太宗大加称赞说"千日醉不醒，十年味不败"。就在一代又一代的迭代更新中，中国葡萄酒上了一层楼又上了一层楼。嗜酒如命的李白就是葡萄酒的追捧者，他说"鸬鹚杓，鹦鹉杯。百年三万六千日，一日须倾三百杯。遥看汉水鸭头绿，恰似葡萄初酦醅。此江若变作春酒，垒曲便筑糟丘台"，恨不得整条江的水都变成酒呢！

明朝李时珍在《本草纲目》中，汇总了葡萄酒的酿造方法和功效，"取葡萄数十斤，同大曲酿酢，取入甑蒸之，以器承其滴露，红色可爱"，除了加曲，还有不加曲的做法，大概就是现代葡萄酒的酿造法。此外，李时珍肯定了饮用葡萄酒的好处，比如"暖腰肾，驻颜色，耐寒"。清代的康熙皇帝就把葡萄酒当作补品，"每日进葡萄酒几次，甚觉有益，饮膳亦加"，所谓小酌怡情怡身，康熙是其坚定的践行者。

曹丕对葡萄情有独钟，绝对是前无古人后无来者的，他可是片刻都离不开葡萄，不管是读书时还是口渴时，不管是清醒时还是醉酒时，葡萄都是一定要吃的。

人物采访笔记

大会组委会：曹老板您好，容小的弱弱问一句，您直播间的葡萄现在还能下单吗？

曹丕：这个时间了，估计够呛了，那都是上架秒没的。

大会组委会：呜呜呜，我又没抢到……

曹丕：没关系，联系我的小助理，把我给自己预留的送你吧！

大会组委会：这这这……这多过意不去啊！那您的小助理的联系方式是？

曹丕：我给你找一找，你记一下。

大会组委会：好的，好的。

曹丕：……那没别的什么事我就先走了。

大会组委会：好的，好的，您慢走。（欸，我刚才想干什么来着？）

知识小课堂

《典论·论文》：它是中国文学批评史上的第一部文学专论，为曹丕所作。《典论》全书由多篇专文组成，包括政治、社会、道德、文化论集等，《论文》是其中的一篇。

十分可惜,《典论》的文章到现在大多已经失散,只剩下残章断简。但幸运的是,《论文》因被南朝的萧统选入了《昭明文选》,从而得以完整保留下来。

魏徵:唐朝初年杰出的政治家、思想家、文学家和史学家。早年参加瓦岗起义,跟随魏公李密,但不得重用。武德元年(618年),归降唐朝,并说服李密旧部徐世勣献地归唐。他多次直言进谏,推行王道。曾提出"兼听则明,偏听则暗""居安思危,戒奢以俭",主张"薄赋敛""轻租税""息末敦本""宽仁治天下"等,对李世民的行动及施政给予了极有益的影响,辅佐李世民共创"贞观之治"。

嵇康：Oversize^①就问你爱不爱

大咖登记表

姓名：嵇康

昵称：嵇公

性别：男

主要成就："竹林七贤"的精神领袖，开创玄学新风

微博名称：@竹林七贤－嵇康（粉丝百万+）

抖音名称：竹林七贤－嵇康（粉丝百万+）

朋友圈个性签名：自由，不是想做什么就做什么，而是不想做什么就不做什么

属性："竹林七贤"的精神领袖

爱好：放荡不羁爱自由

出生年份：224 年

逝世年份：263 年

---

① 超大的、特大号，指现代年轻人的一种穿衣风格。

话说嵇康

嵇康,三国时期曹魏思想家、音乐家、文学家,更是"竹林七贤"的精神领袖。这个人不得了,有颜值、有才华,人品还好,虽说人无完人,但嵇康这样的人应该就算是完人了。

参加古代带货大会的帅哥很多,但嵇康在其中绝对是数一数二的。就连官方史书在描述他的外貌时,也直接抛弃了以往的惜字如金,足足夸了他三十二个字,说他"身长七尺八寸,美词气,有风仪,而土木形骸,不自藻饰,人以为龙章凤姿,天质自然",简单来说,就是帅且有气质。除了官方认定了他的帅气,嵇康的朋友也一致认为他足够帅。

"竹林七贤"之一的山涛就说,"嵇叔夜之为人也,岩岩若孤松之独立;其醉也,傀俄若玉山之将崩"。这是什么概念?如果一个男人能够让其他男人也觉得帅,那真的就不是一般的帅。

嵇康的儿子嵇绍也很帅,帅到有人称赞其"鹤立鸡群","竹林七贤"之一的王戎听后,表示说这话的人应该是没见过嵇康。瞧瞧,嵇康的帅气已经快溢出纸面了。

当然,朋友的评价可能会不客观,但是曹操的曾孙女长乐亭主足以证明,嵇康是真的帅!嵇康24岁的时候来到洛阳,不来还好,一来就让洛阳的姑娘们疯狂了,纷纷为他的颜值所折服，尤其是长乐亭主，堪称外貌协会的会长，直接要求嫁给嵇康，最后还真顺利成了嵇康的妻子，可以天天对着嵇康这张脸犯花痴了。

如果嵇康只是拥有神仙般的颜值，那倒是不会有那么大的个人魅力，偏偏这个人还才华横溢。在四言诗上，他是很有发言权的，有人就说，在《诗经》之后，论四言诗的大成者，除了曹操就是嵇康，没有其他人。在全民养生的魏晋，嵇康撰写了《养生论》，这是中国养生学史上第一篇较全面、较系统的养生专论，主张"形神兼养，重在养神"，奠定了中国养生学的基础。

嵇康不仅帅，还有才华，更有个性。他一身傲骨，为人处世时刻遵循内不愧心、外不负俗的原则，坦坦荡荡，随性洒脱，不喜欢官场的尔虞我诈，一心在山水之间逍遥。他的好朋友山涛在卸任尚书吏部郎时，向皇帝推荐嵇康来代替自己，这事让嵇康知道之后，气得直接写下《与山巨源绝交书》。他写道："吾昔读书，得并介之人，或谓无之，今乃信其真有耳。性有所不堪，真不可强。"

大意是我以前读书的时候，听说有一种既能兼济天下又耿介孤直的人，一直认为是不可能的，现在才真正相信了。性格决定了有的人对某些事情不能忍受，真不必勉强。

才艺展示：诗歌朗诵

大家都太有才了，我也朗诵一首自己的小诗吧，请大家欣赏我的《四言赠兄秀才入军诗》：

流俗难悟。逐物不还。至人远鉴。归之自然。万物为一。四海同宅。与彼共之。予何所惜。生若浮寄。暂见忽终。世故纷纭。弃之无成。泽雉虽饥。不愿园林。安能服御。劳形苦心。身贵名贱。荣辱何在。贵得肆志。纵心无悔。

我这也是一系列的诗，大家如果感兴趣的话，可以看看其他几首。

带货清单：宽衣博带

喜欢无拘无束的朋友看过来，嵇康向大家推荐的穿衣新时尚——宽衣博带。宽衣，就是宽大的衣服；博带，就是宽大的衣带，加在一起，就是oversize风格。具体来说，上衣是特别宽松的，想解开就解开，想脱掉就脱掉，无所束缚。袖子比上衣更肥、更大，穿在身上，你都能感觉到风，整个人也会随之变得随性飘逸起来。

　　嵇康作为"竹林七贤"的精神领袖,时不时就带着阮籍、山涛、向秀、刘伶、王戎和阮咸这六个老朋友在竹林里痛快喝酒、纵情高歌。他们也都是一副宽衣博带的打扮。等宽衣博带一上架,魏晋文艺圈的粉丝们马上跟风力挺。单说嵇康的粉丝就够多了,七个人的粉丝加起来估计都够绕地球一圈了,妥妥能爆单!

　　男士穿宽衣挺合适,女士行不行呢?嵇康坚定地告诉你:可以,女士为什么不可以穿宽衣?人人平等,宽衣就是潮流新风范,大家应该一起享受 oversize 带来的畅快!

 **人物采访笔记**

大会组委会：嵇先生请留步，给我们一点采访时间好吗？

嵇康：可能不太好。

大会组委会：呃……就一点点时间，行吗？

嵇康：那你快说吧。

大会组委会：好的好的，不知道您最近和朋友们有没有聚会呢？

嵇康：这个问题，你也可以选择不知道。

大会组委会：这个……我还是选择知道吧。

嵇康：那我确实不知道耶。

大会组委会：呃……好……您快忙去吧。

嵇康：那我走啦！

大会组委会：走吧走吧。您忙您忙。

 **知识小课堂**

竹林七贤：嵇康、阮籍、山涛、向秀、刘伶、王戎及阮咸七人，因常在当时的山阳县（今河南焦作修武县，可能为现今云台山一带）的竹林之下，喝酒、纵歌，肆意

酣畅，世谓之七贤，后与地名竹林合称"竹林七贤"。

长乐亭主：曹操的曾孙女，准确地说是曹操的儿子曹林的孙女。值得一提的是，曹林的母亲杜夫人，原来是秦宜禄的妻子，后被曹操掠夺过来。杜夫人和曹操还生了金乡公主，金乡公主后来成了何晏的老婆。

王羲之：我的名字就是最强IP

大咖登记表

姓名：王羲之

昵称：王同学

性别：男

主要成就：书法自成一家，影响深远，有"书圣"之称

微博名称：@爱写书法的王羲之（粉丝千万+）

抖音名称：爱书法的老王（粉丝千万+）

朋友圈个性签名：书法，一生所爱

属性：书法家

爱好：写字

出生年份：303年

逝世年份：361年

话说王羲之

说起书法,你最先想到的人是谁?不夸张地说,十有八九是王羲之。只要向男女老少提起王羲之,十有八九知道他是干什么的,这就是王羲之的名气。

王羲之是琅琊临沂(今山东省临沂市)人,因为做到了右军将军、会稽内史,所以又被称为"王右军"。最为显赫的名头是"书圣"。

王羲之生于名门望族,父亲在他十二岁的时候就亲自传授他笔法论,告诉他"语以大纲,即有所悟"。很小的时候,他就做了著名女书法家卫夫人[①]的学生,潜心学习书法,他的草书是张芝教的,正书是钟繇教的。别人是哪家都会,但是哪一家都不精,王羲之就不同了,他是哪一家都会,而且博采众长,自成一家,还可以骄傲地说一句"贵越群品,古今莫二"。在书法史上,他与钟繇并称"钟王",与其子王献之合称"二王"。

才艺展示:写毛笔字

我看有人诗歌朗诵,有人歌舞表演,我就给大家展示一下我的

[①] 卫夫人(272—349年),河东安邑(今山西省夏县)人,廷尉卫展之女,晋代著名书法家。

书法吧。快，笔墨纸砚准备好！

永和九年岁在癸
丑暮春之初会于
会稽山阴之兰亭
修禊事也群贤毕
至少长咸集此地
有崇山峻岭茂林
修竹又有清流激
湍映带左右引以
为流觞曲水列坐
其次虽无丝竹管
弦之盛一觞一咏
亦足以畅叙幽情

带货清单：竹扇

如果王羲之说自己的书法天下第二，那就绝对没有人敢站出来说自己是第一。他撰写的《兰亭集序》，绝对是"天下第一行书"。可以说，王羲之是书法艺术的觉醒者，他不单单懂得欣赏书法之美，还能够以遒劲自然的风格展现书法之美。他的书法有着平和自然的风格，在含蓄之中透露着遒美健秀，完全不同于汉魏的笔风，形成了独树一帜的个人特色。这也就不难理解为什么在他之后出生的书法家都会临摹他的法帖了。

这种本领带货的时候他肯定是得用上的。

有一次王羲之在集上闲逛时，发现一个老婆婆在卖竹扇，那叫卖声真是一个声嘶力竭，但凡有个喇叭也不至于这么吆喝。他往前仔细一看，立刻就明白为啥没人光顾了，这么简陋的竹扇，确实勾不起大家想买的念头。

竹扇卖不出去，就意味着没有收入，没有收入就意味着要饿肚子，老婆婆吆喝得更卖力了，但依旧是冷冷清清，偶尔过来一两个人看货，看完也直接扭头走人了。

王羲之是个热心肠，再也控制不住自己的洪荒之力了，他实在看不得白发苍苍的老婆婆如此着急，就来到老婆婆面前对她说："老婆婆，你听我说，咱这竹扇也没有个装饰，肯定是不好卖。这样吧，我给你题上字，你再卖卖试试。"

老婆婆瞅着眼前这个陌生人，不知道他葫芦里卖的什么药，但眼下这个情况，管他是谁呢，不如就让他试试，反正最坏的结果也就是依旧卖不出去。

王羲之拿过竹扇，又准备好笔墨，认认真真写了几个字。老婆婆没什么文化，也不认字，不但没有看出什么美感，反而觉得他写得太潦草了，原本干干净净的竹扇，被他乱写一通之后，变得更丑了，一时间竟有些生气。

王羲之也没多做解释，只是告诉老婆婆说："您就直接告诉大家，这是王右军写的字就行。要是还没人买，我包圆儿！"

老婆婆也没别的办法，只好照做，心想着就死马当活马医吧。

结果买扇子的人一听是王右军的字，瞬间来了兴趣，仔细端详一番，确认就是出自王右军之手，简直兴奋得要跳起来了。来买竹扇的人越来越多，直接问价钱，交钱，拿扇子，可谓一气呵成，都不带还价的。

人物采访笔记

大会组委会：大佬您好，能不能向我们传授几招练字的诀窍？

王羲之：诀窍啊，还真是没有，无非就是多看、多练。

大会组委会：多看、多练，就能像您一样吗？

王羲之：呃，那倒不一定……多少还需要一点点天赋。

大会组委会：哈哈，天下第一也不是谁都能练成的，所以，我可以跪求您的一幅墨宝吗？

王羲之：好啊！

大会组委会：（准备好了笔墨纸砚）您请，您请！

王羲之：……（大笔一挥写下四个大字——点点关注）

知识小课堂

《兰亭集序》：永和九年（353年）三月三日，时任会稽内史的王羲之邀请好朋友谢安、孙绰等四十一人在会稽山阴的兰亭雅集,他们推杯换盏、饮酒赋诗。聚会散后,王羲之将这些诗赋辑成一集,并作序一篇,也就是《兰亭集序》,详细记录了当时的情景。

行书:是一种书法统称,分为行楷和行草两种,是以楷书为基础发展起来的。"行"指的是"行走",不像草书那般潦草,也不像楷书那般端正,具有较高的实用性和艺术性。

谢安：我就是东晋第一带货美男

大咖登记表

姓名：谢安

昵称：江左风流宰相

性别：男

主要成就：挫败桓温篡位意图，使晋室得以存续

微博名称：@爱隐居的小谢（粉丝千万+）

抖音名称：爱隐居的小谢（粉丝千万+）

朋友圈个性签名：不爱仕途爱隐居

外号：东晋第一带货美男

属性：与人同乐，与人同忧

爱好：隐居、游山玩水

最大爱好：隐居

出生年份：320年

逝世年份：385年

话说谢安

谢安,字安石,生于名门世家,自幼天资聪颖。在他四岁的时候,朝中大臣桓彝就称赞他"风采神态清秀明达"。俗话说三岁看老,果不其然,在他成年后,可谓绝对标准的美男子,不仅拥有俊美儒雅的外表、出众的才华,琴棋书画也是信手拈来,可谓当时数一数二的优质 idol(偶像)。更难能可贵的是,他同时精通文韬武略,是东晋时期著名的政治家,以少胜多的著名战役——淝水之战,就是由他指挥的。

要说谢安也挺有趣,晋军在淝水之战中大败前秦的捷报送到他面前时,正赶上他与客人下棋,接过捷报,他面无表情地看了看,看完之后依旧没有表情,随手将捷报放在一旁继续专注于棋局。坐在对面的客人都忍不住了,一个劲儿问他,他只是淡然地说,没啥事,就是孩子们已经把敌人打败了。之后依旧是下棋,等客人告辞之后,这才憋不住了,高兴得手舞足蹈,一不小心还把木屐底下的屐齿踩断了。

淝水之战胜利后,谢安的名气更大了,人们对他更加崇拜,甚至变得爱屋及乌。因为鼻炎,他说话时有很重的鼻音,按理说这是个缺点,但因为是谢安,人们反而觉得鼻音悦耳,甚至有的人为了模仿他的鼻音,还会特意捂着鼻子吟诗。

不仅当时的普通人,就连后世大名鼎鼎的李白、王安石也是谢安的粉丝。

才艺展示：颜值

我用靠表演才艺来吸引关注吗？我有颜值就够了，要才华那玩意儿干吗？

带货清单：蒲葵扇

要说谢安带货，一般人还真效仿不来，不靠技术，不靠口才，纯靠粉丝对他的爱。爱能带货吗？答案是肯定的，而且消费拉动能力绝对是顶呱呱。

譬如扇子这个物件，苏轼也尝试带过货，效果同样相当不错，他为了让扇子更受欢迎，亲自在扇子上题字，扇子摇身一变成为传世佳品。谢安则来得更加简单，更加直接，ROI（投资回报率）更高。

一切还得从谢安在中宿县做官的一个老乡说起。这个人因为犯错而被炒了鱿鱼，无奈之下只能卷铺盖返乡。在临走之前，他特意来找谢安道别。俗话说得好，"老乡见老乡，两眼泪汪汪"，这位老乡向谢安大吐苦水，什么仕途不顺啊，什么生活不如意啊，反正就是这些年来所受的委屈通通说了一遍。

本来谢安就是一个重情重义之人，见到此情此景，就差与老乡抱头痛哭了，安慰一番过后，还特意问了一下对方有没有回家的路费。

不问不知道，一问对方又有新的委屈了。老乡吐槽说，那就是个鸟不拉屎的地方，要钱没有，但有五万把蒲葵扇，可惜时候不对，现在又不是用扇子的季节，怎么可能卖得出去！

谢安一琢磨，这蒲葵扇还真是没什么出众之处，想从蒲葵扇本身找亮点实在太难了。但谢安是何许人也，能被小小的扇子难倒吗？扇子确实太普通，但谢安可不是普通人，他跟老乡要了一把蒲葵扇，然后就开始了他的带货之旅。

需要直播间吗？不需要，广阔天地就是他谢安的舞台。

需要四处吆喝吗？不需要，他不说话就已经让一众迷弟、迷妹沦陷了。

需要打价格战吗？不需要，价格压根不重要。

蒲葵扇与谢安形影不离，谢安去哪儿，它就在哪儿出现。就这样，谢安手握蒲葵扇，有意无意地扇几下，所见之人无不为这岁月静好、气定神闲的模样所倾倒，被他举手投足之间散发着的儒雅潇洒的气度所征服。一时间，蒲葵扇火了，成为名副其实的爆款。

扇子还是那把扇子，平平无奇，在谢安拿在手上之前，多数是乡下老太太才会用，然而，谢安直接让它成了时尚新宠儿，那意思是：不带把大蒲扇，都不好意思出门。

就这样，老乡的五万把蒲葵扇很快销售一空，不仅如此，"安乃取其中者捉之，京师士庶竞市，价增数倍"，价格直接翻倍，妥妥地爆单。

谢安带货堪称现象级，被称作"蒲葵竞市"。对此，唐朝诗人雍裕之羡慕不已，坦言"羡尔逢提握，知名自谢公"。

淡季变旺季，凭一人之力扭转营销节点，称谢安为"东晋带货第一人"实在名副其实。

人物采访笔记

大会组委会：谢老师，最近因为您，蒲葵扇成了出门必备单品，您有何感想？

谢安：这完全是家乡父老对我的偏爱。

大会组委会：苏轼也卖过扇子，您觉得和他有什么区别呢？

谢安：我觉得没啥子区别，都是承蒙大家厚爱。

大会组委会：对于不喜欢您的人，您想对他们说什么呢？

谢安：天下就这么大，还有不喜欢我的人吗？

大会组委会：呃……如果有的话呢……

谢安：让他们进我的直播间，他们会知道不喜欢我是他们的损失。

大会组委会：这话说得没毛病。

谢安：还有事不？

大会组委会：没啦没啦，您赶快去直播吧！我也要去看看！

谢安：拜拜！

淝水之战：淝水之战发生于383年，是东晋十六国时期北方统一政权前秦向南方东晋发起的带有侵略性的一系列战役中的一场决定性战斗。前秦出兵伐晋，于淝水（今安徽省寿县的东南方）交战，最终东晋仅以八万军力大胜前秦八十余万（实则仅二十多万）军力。淝水之战是中国历史上著名的以少胜多的战例。拥有绝对优势的前秦败给了东晋，国家也因此衰败，北方各民族纷纷脱离了前秦的统治，分裂为以后秦和后燕为主的几个政权。而东晋则趁机北伐，把边界线推进到了黄河南部。淝水之战也使得北府兵声威大震，谢玄、谢安、谢石等人也凭借此战留名青史。

桓彝：字茂伦，谯国龙亢（今安徽省怀远县龙亢镇）人。西晋时期大臣，东汉名儒桓荣九世孙，大司马桓温父亲。出身谯郡桓氏，能文善武，而且颇有政绩，深受百姓爱戴。

陶渊明：人生，就是要活出真我

姓名：陶渊明

昵称：靖节先生

性别：男

主要成就：田园诗派创始人，文学史上第一个大量写饮酒诗的诗人

微博名称：@五柳先生（粉丝千万+）

抖音名称：小陶爱隐居（粉丝千万+）

朋友圈个性签名：人生，就是要活出真我

属性：田园诗人

爱好：隐居、种菊、喝酒

出生年份：352或365年，有种法说

逝世年份：427年

话说陶渊明

陶渊明生在东晋，著有《陶渊明集》，被誉为"隐逸诗人之宗""田园诗派之鼻祖"，孟浩然、王维等一众大诗人也是他的铁粉。陶渊明出生时，家境还是不错的，奈何八岁的时候父亲去世了，留下他们孤儿寡母相依为命。

虽说陶渊明日子过得苦哈哈，但一直以来他都没有放弃读书，如果那时候就有科举制，那他也是可以轻松及第①的。好在是金子在哪儿都能发光，他在29岁正式进入"体制内"，担任江州祭酒。可千万别被这个名字迷惑了，工作内容和酒一点不沾边，主要是教化百姓。

他的直属领导是王羲之的儿子王凝之，这位领导最大的爱好就是拜神，经常把正经工作扔给陶渊明，自己则四处拜神。按理说没有领导天天在身边盯着，这日子应该挺舒服的，实际上，领导不在，但是领导的黑锅却都留给了陶渊明。

他看了看自己的存款，盘算了一下余粮，计划了一下未来，决心辞职。这是陶渊明第一次辞职归隐田园，后来又被请出来做了建威参军、镇军参军、彭泽县令等职。彭泽县令是他最后一份工作，

---

① 及第：指科举考试应试中选，因榜上题名有甲乙次第，故名及第。

干了八十多天就把领导炒鱿鱼了,从此再也没上过班,过起了田园生活,当上了自由职业者——种地、写诗,且兼职带货。

才艺展示:诗歌朗诵

大家知道,我本职工作就是写诗,尤其喜欢写田园诗,所以要说才艺展示,那我也得是诗歌朗诵,请大家欣赏我的《归园田居》系列诗歌中的一首:

> 少无适俗韵,性本爱丘山。
> 误落尘网中,一去三十年。
> 羁鸟恋旧林,池鱼思故渊。
> 开荒南野际,守拙归园田。
> 方宅十余亩,草屋八九间。
> 榆柳荫后檐,桃李罗堂前。
> 暧暧远人村,依依墟里烟。
> 狗吠深巷中,鸡鸣桑树颠。
> 户庭无尘杂,虚室有余闲。
> 久在樊笼里,复得返自然。

带货清单（1）：菊花

陶渊明与菊花，可以说是完美的 CP 组合。一个孤标傲世，不愿与污浊的官场同流合污；一个清雅高洁、劲节坚贞，在大地一片萧瑟的时候凌霜盛开。菊花不会说话，更不会写诗，但陶渊明会啊，他向菊花表白："芳菊开林耀，青松冠岩列。怀此贞秀姿，卓为霜下杰。"他们二者已经达到了合二为一的境界，或许只有陶渊明最适合为菊花打 call 了。

在自由自在的田园生活中，他"采菊东篱下，悠然见南山"，平日里最喜欢做的事就是咏菊、采菊、饮菊、食菊。通过他的推介，菊花的清新隐逸之感越来越强，凡是向往隐逸情怀的人，都不会错过菊花。

当然，菊花除了能够寄情的情感功能外，还有药用价值。陶渊明在《九日闲居》正文写道，"酒能祛百虑，菊解制颓龄"，酒能消除种种烦恼，菊花能延年益寿，好不好赶紧下单试一下就知道。这可不是陶渊明强加给菊花的好处，菊花自古就有"长寿花""延龄客"的美称，魏晋文学家傅玄也说"服之者长寿，食之者通神"，《神农本草经》也记载说"久服利血气，轻身、耐老、延年"。

在陶渊明的引领下，菊花着实收获了不少的迷弟，让世人久久难以忘怀，时隔百年、千年仍留有余香。比如元好问[①]感慨说"柴

[①] 元好问：（1190年—1257年），太原秀容（今山西忻州）人，金朝末年至大蒙古国时期文学家、历史学家。

桑人去已千年，细菊斑斑也自圆"；比如郑燮说，"想因会得渊明性，烂漫黄花著一墩"。

喜欢菊花的人必然喜欢陶渊明，喜欢陶渊明的人必然喜欢菊花。

带货清单（2）：酒

陶渊明爱菊，也爱酒，二者绝对没有先后之分，同样钟爱。在给自己写的自传《五柳先生传》中，他坦诚地介绍了自己："性嗜酒，家贫不能常得，亲旧知其如此，或置酒而招之；造饮辄尽，期在必醉。既醉而退，曾不吝情去留。"爱喝酒，酒后爱吟诗，就这样成为中国文学史上第一个大量写饮酒诗的诗人。就这么说吧，陶渊明现存诗文一百余篇，关于饮酒的占三分之一，这是使出浑身解数为酒打广告啊！

李白、杜甫和白居易等一大批爱喝酒的诗人，都是受陶渊明的影响，酒能如此大卖，也得益于陶渊明的代言。白居易在《效陶潜体诗十六首》中就说："先生去已久，纸墨有遗文。篇篇劝我饮，此外无所云。我从老大来，窃慕其为人。其他不可及，且效醉昏昏。"

当然，陶渊明爱喝酒，也推荐大家凡事别挂心头，余生不长，将一切看淡吧！有事没事都喝点酒，但还是不提倡烂醉如泥，酒品还是要的。

人物采访笔记

大会组委会：靖节先生您好，不知道您最近的收成怎么样？

陶渊明：别提了，种豆南山下，草盛豆苗稀，唉！

大会组委会：哈哈，没关系，我看您种的菊花是格外的好。

陶渊明：你要跟我聊这个，我可就不困了。我这个菊花啊……（赞美之词如滔滔江水连绵不绝）

大会组委会：嗯嗯嗯，您是不困了，我困了……我们能聊点别的吗？

陶渊明：要不聊聊我最近上架的酒吧，一醉解千愁。

大会组委会：咱不能劝酒……（小声提醒）

陶渊明：啊，这个小酌怡情，大酌伤身，切忌贪杯哟……请点亮下方小黄车……

大会组委会：咱今天的采访就到这儿结束啦……（上边那段赶紧掐了，别播）

知识小课堂

《神农本草经》：又叫《本草经》或《本经》，托名"神农"所作，实际上成书于汉代，是中医四大经典著作之一，也是已知最早的中药学著作。全书分三卷，以简练易懂的语言记载了365种药材，是中药理论的精髓，如今，许多药材仍是临床常用药。

元好问：字裕之，号遗山，世称遗山先生，金朝末年至大蒙古国时期文学家、历史学家。自幼聪慧，被称为"神童"。他是宋金对峙时期北方文学的主要代表、文坛盟主，也是金元之际在文学上承前启后的桥梁，被尊为"北方文雄""一代文宗"。

郑板桥：原名郑燮，字克柔，号理庵，又号板桥，人称板桥先生，江苏兴化人，祖籍苏州，清代书画家、文学家。他一生画过兰、竹、石，自称"四时不谢之兰，百节长青之竹，万古不败之石，千秋不变之人"。其诗书画，世称"三绝"，是清代比较有代表性的文人画家。

谢灵运：没有一双谢公屐怎么去旅游

大咖登记表

姓名：谢公义

昵称：大谢、客儿、谢康乐

性别：男

主要成就：反内卷，打工人之表率

微博名称：@快乐就完事了（粉丝千万+）

抖音名称：世界太大了（粉丝千万+）

朋友圈个性签名：世界太大了，翻山越岭也想去看看

属性：富有

爱好：爱发明、爱旅游

最大爱好：旅游

出生年份：385年

逝世年份：433年

话说谢灵运

谢灵运,名公义,字灵运,小名客儿,是一个如假包换的富二代,更令人羡慕的是,他还是一个标准的官二代。

自幼谢灵运就展现出超高的智商,说他是别人家的孩子毫不夸张,因为别人家也没几个能像他这么聪明的孩子。祖父谢玄是大名鼎鼎的军事家,也是一位如假包换的大佬,特别喜欢谢灵运,经常疑惑说,"我生了谢瑍,谢瑍却怎么生出灵运的呢!"说白了,他简直不敢想象,自己的儿子笨乎乎的,竟然能有一个聪明至极的孩子。

十六岁时,谢灵运承袭祖父爵位,被封为康乐公,享受两千户的税收待遇,本来还想让他当员外散骑侍郎的职务,但他没有接受,这也是很任性了。除了高官厚禄,祖上还留下了万贯家财和身后的庞大人脉。

有钱有闲的谢灵运,最喜欢的就是纵情山水,尤其偏爱险峻幽深的地方。回到家乡后,谢灵运和同族兄弟谢惠连、东海人何长瑜、颍川人荀雍、泰山人羊璿之同游山水,被当地人称为"山泽四友"。

除了大家熟知的技能,谢灵运还是一位佛学家。比如《大方广佛华严经》《大般涅槃经》,他都参与了润改和注释,还编了一本梵汉字典,名叫《十四音训叙》,向来爱写写写的他也写了不少带有禅意的文章，包括《石壁立招提精舍》《和范光禄祇洹像赞》《维摩经十譬赞》《净土咏》以及《佛影铭》等。尤为重要的是，他不是简单地写写，他是真的为佛学的发展提供了理论性论著——《辨宗论》，直接影响了后来的唐宋禅学和宋明理学。

才艺展示：诗歌朗诵

初到此处，本人不善于歌舞，也没有其他才艺傍身，就给大家来一首诗歌朗诵吧，是本人原创，请欣赏《岁暮》：

> 殷忧不能寐，苦此夜难颓。
> 明月照积雪，朔风劲且哀。
> 运往无淹物，年逝觉已催。

这首诗主要是想表达我对生命将终的一种无奈之情，哎，奉劝大家好好珍惜每一天。

带货清单：谢公屐

热爱游山玩水的谢灵运，也不是只知道玩乐，为了有更好的游玩体验，他不惜耗时耗力发明了登山装备——谢公屐，一双专门用来登山的运动鞋，李白看了都忍不住入手同款，还帮忙宣传，"脚著谢公屐，身登青云梯"。

因为热衷于奇险、陡峻的山峰，所以装备必须跟得上，所以谢公屐应运而生。这是一双木制的钉鞋，上山的时候可以把前掌的齿钉拿下来，下山的时候还可以把后掌的齿钉拿下来，如此一来，不管是上山还是下山都能够省时省力，还极大地提升了安全性。

想当初，谢灵运到地方上任，别人是拖家带口，他是带着大批随从仆人浩浩荡荡地来上班，那是为了维持高品质的生活。谢灵运就是典型的有钱任性，衣食住行都格外挑剔，住要最奢华，穿要最新款，如果现成的不能让他满意，他就会重新设计，反正不差钱。久而久之，谢灵运盛名在外，成了人们追捧的大V，慢慢地也奠定了他在带货圈不可撼动的地位。

爱生活，爱旅游，他也堪称反内卷第一人。

永初三年（422年），宋少帝继位，换了大领导之后，谢灵运的日子着实不好过，被排挤到永嘉郡任太守。庆幸的是，永嘉郡山清水秀，谢灵运直接放飞自我，工作通通抛之脑后，全身心地投入旅游中。要是玩得开心了，就写写随笔记录一下，远在京城的人们看了，都直呼好棒，一下子就爱上了。直到刘义隆登基为帝，主动召见谢灵运，他以为是去当官，谁知道皇帝只是让他安安静静地当个文人。没多久，他就厌倦了写文章、修史书的日子——打工人生气起来，也是不好惹的，何况是一个有钱的官二代打工人。

一气之下,谢灵运再次放飞自我,上班是不可能上班的,旷工成了家常,直接开启隐身模式,他这一走就是十多天见不着人。在谢灵运的字典里,没有穷游两个字,但凡出去一趟,就要玩到极致,随随便便就是带几百人的家眷随从队伍一同出行。他们不仅要照顾他的饮食起居,还要照顾他的心情。如果遇到走不通的地方,那就直接挖山开路。这么豪横的人着实不多见,所以当他来到临海郡时,临海太守王琇见来者不善,还以为他是造反的土匪,可见排场有多夸张。

当然,谢灵运也有任性的资本,除了自己家大业大以外,还凭着宋文帝刘义隆的怜爱。对谢灵运,这位皇帝可谓铁杆粉丝中的铁杆,绝对的榜一大哥,他将自己偶像的诗作视为"国宝"。如此盛宠之下,谢灵运越来越作——被偏爱果然有恃无恐。谢灵运还疯狂试探皇帝的底线,就连围湖造田的事儿都干出来了。

在会稽的时候,因为随从太多了,郡县长官总被他惊动。会稽太守孟顗(yǐ)笃信佛教,但谢灵运特别瞧不上他,还说有灵气的文人才应该成佛得道,你孟顗肯定死得比我早,但成佛一定比我慢。这一番话把孟顗气炸了,但又没办法动他,只能默默记在小本本上。

后来,孟顗上了一道奏疏,说谢灵运想谋反并私自调用本郡军队防守自卫。皇帝知道谢灵运不会干出这样的事,不但没有判罪,还让他转岗去做临川内史,甚至还涨了薪水。不过,谢灵运到了新岗位依旧我行我素，所以又被弹劾，在面对抓捕的过程中，谢灵运还真率众造反了。对此，皇帝也忍了，只是罚他充军。结果，有人跑出来说谢灵运花钱雇人来救他，皇帝虽说爱谢灵运爱得深沉，但他毕竟是一国之君，谢灵运这么做，也不得不忍痛送他"上路"。

元嘉十年（433年），谢灵运领了皇帝亲手送来的盒饭，临终前，他有感而发——"邂逅竟几何，修短非所愍。送心自觉前，斯痛久已忍。恨我君子志，不获岩上泯。唯愿乘来生，怨亲同心朕。"可惜短暂的清醒换不回重生的机会了。

也许谢灵运还想说：世界那么大，即使千难万阻也要去看看啊！

人物采访笔记

大会组委会：谢公子，最近又去哪里游山玩水了？

谢灵运：最近没有，一直忙着搞直播，好久没出去玩了。

大会组委会：这可不是您的风格啊，是不是自己当老板了不舍得旷工了？

谢灵运：你说得有几分道理啊，我这老板当得着实有些委屈啊。

大会组委会：不是不是，我不是这个意思……

谢灵运：喂，刘秘书，给我准备几个游玩方案……对，明天就出发。

大会组委会：这个……

谢灵运：好了，今天的采访就先到这儿吧，我得赶紧回去收拾行李了。

大会组委会：……

知识小课堂

刘义隆：南朝宋第三位皇帝（424—453年在位），宋武帝刘裕第三子，宋少帝刘义符的弟弟，母为文章太后胡道安。身材魁梧，博览群书，善写隶书。延续宋武帝刘裕治国方略，在"义熙土断"的基础上清查户籍，免除"逋租宿债"，实行劝学、兴农、招贤等一系列措施，积极休养生息，社会生产有所发展，经济文化日趋繁荣，史称"元嘉之治"。

《辨宗论》：全称《与诸道人辨宗论》，作者是谢灵运。主要是讨论顿悟求宗的思维方式，"宗"指的是终极本体，佛教所讲的真如佛性。

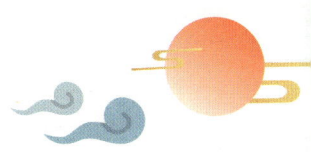

梁武帝:佛教才是人生的光

姓名:萧衍

昵称:梁武帝

性别:男

主要成就:建立南梁,革除弊政,钟离大捷

微博名称:@虔诚的信徒(粉丝千万+)

抖音名称:人生海海(粉丝千万+)

朋友圈个性签名:佛教才是人生的光

属性:佛教推广者

爱好:将佛教发扬光大

出生年份:464年

逝世年份:549年

话说梁武帝

梁武帝，本名叫萧衍，可以说是中国历史上最信佛的皇帝。他生来就不是一般人，不仅长得虎目龙颜，颈项处还有一道圆光，右手则有纹印曰武。这些与众不同的标记，其实都赶不上他的才华与众不同，你要是去问他身边的人，肯定都会说"这孩子打小就聪明"，长大后更是了不得，又能文、又能武，而且绝对不是书呆子，啥啥都行。哪怕是阴阳星相这些比较偏门的学问，他也是一下子就拿捏了。就算是当了皇帝，日理万机，也不耽误看闲书，说他博古通今是一点不为过。

才艺展示：略

没什么才艺，就不献丑了。阿弥陀佛！

带货清单：佛教

梁武帝带货也不一般，不卖吃的、不卖喝的、不卖用的，推销的反倒是一种信仰。作为一名资深佛教信徒，他全心全意地推广佛教，在他的努力下，佛教在梁国一度达到了鼎盛。

杜牧诗云"南朝四百八十寺，多少楼台烟雨中"，说的就是梁武帝时期，在京城建康城内佛寺如云。

要想让百姓信佛，没有佛寺怎么行？这可是基础设施啊！在梁武帝的号召下，最多的时候佛寺有数千多座，有佛寺就有僧人，相匹配的僧人就有数万余人，这就是皇帝带货的优势，想完成KPI（关键绩效指标）也就是一句话的事儿。

评判一个人对某个事物是不是真爱，就看他是不是舍得花时间和金钱，缺了哪一样都不是真爱。从这一点上来看，梁武帝对佛教绝对是铁粉，不仅花费大量时间，还耗费了大量金钱。皇帝沉迷其中，王侯大臣也就自然而然地成了粉丝，老百姓看上面的人都挺看重这玩意儿，也就慢慢成了信徒。

不过梁武帝此前可不是推崇佛教的，在成为佛教虔诚的信徒之前，梁武帝的心思全在道教上，他本来就是个聪明人，又特别努力，所以对道教的研究还是很深刻的。直到有一天，他遇到了佛教，人生仿佛一下子打开了新世界，佛教的高深教理让他不能自拔，从此下定决心皈依三宝。

梁武帝这个人信佛之后是真的虔诚，身为高高在上的皇帝，他诚挚地跪在佛前倾诉说："天监三年四月八日，梁国皇帝兰陵萧衍稽首和南，十方诸佛、十方尊法、十方菩萨僧。伏见经文玄义，理必须诠，云发菩提心者，即是佛心……若不逢遇大圣法王，谁能救接？……弟子经迟迷荒，耽事老子，历叶相承，染此邪法，习因善发，弃迷知返，今舍旧医，归凭正觉，愿使未来世中，童男出家，广弘经教，化度众生，共取成佛。入诸地狱，普济群萌，宁可在正法中，长沦恶道，不乐依老子教，暂得生天，涉大乘心，离二乘念，正愿诸佛菩萨摄受。萧衍和南。"不听不知道，一听吓一跳，自己信佛那是远远不够的，他恨不得让全天下的人都能皈依佛门。

梁武帝说到做到，就在当上皇帝的第三年，他收纳了两万人皈依佛门。后来，在他64岁的时候，他突然不想当皇帝了，直接去同泰寺出家，待了三天又回来了，大手一挥要大赦天下。两天之后，佛心再次萌动，又跑到了同泰寺出家。对大臣来说，他还真是一个不省心的皇帝，最后不得不捐钱把他"赎"了回来。

84岁的时候，梁武帝是铁了心要出家了，在同泰寺一口气住了37天，大臣看劝不动，只能花钱接着赎回来。梁武帝凭自己一个人，就让同泰寺年收入不菲，而且没有付出任何成本，估计在僧人眼中，梁武帝就是台行走的ATM机。

不过话说回来，梁武帝是没少给寺院送钱，但是出家人不能吃荤的规矩，也是他立下的。梁武帝自己不吃鱼肉，就让僧人也不吃鱼肉，这就成了一条清规戒律，僧人空有大把金银，可惜只能吃蔬菜。

纵观大咖带货，基本都是好评如潮，唯独梁武帝是个反面典型。达摩大师是中国禅宗的始祖，他东渡来到中国南海时，梁武帝还千里迢迢将他请到建康一会。梁武帝见了达摩，就像是小迷弟一样，并骄傲地盘点着自己的功德。然而，达摩直呼这些都不算功德，老百姓是信佛了，但也受苦了，为了修建佛寺，搞得民不聊生。

普度众生和荼毒生灵之间，梁武帝一下子没掌握好火候，本意是前者，结果是后者。当他慷慨大方地给寺院捐钱时，老百姓的劳役就会更重，为了活下去，不得不出家为僧，能征收赋税的人越来越少，剩下的人就背上了更加沉重的负担。

梁武帝晚年，他却做了更错误的决定，他接受了羯族人侯景的归降，结果好心办坏事，酿成"侯景之乱"，自己也被活活饿死在台城皇宫净居殿，梁朝由此衰败。几年之后，江山易主，梁朝被陈朝取代了。

人物采访笔记

大会组委会：梁老板好久不见，上次见还是在您参加电视讲座的时候。

梁武帝：是哟。听完我的讲座，有什么收获吗？

大会组委会：收获颇丰啊，回家立马下单了不少佛学的书籍。

梁武帝：不错不错。有没有什么参不透的？我给你讲讲。

大会组委会：呃，让我仔细想一下！（内心OS[①]：其实书还没

[①] 内心独白。

有拆封……）

梁武帝：没事没事，现在想不起来也没关系，以后可以多多关注我的直播。

大会组委会：嗯嗯，我会的。不知道您平时都是什么时间开播呢？

梁武帝：我嘛，就是比较随心，想什么时候就什么时候。

大会组委会：好的呢……

知识小课堂

侯景之乱：侯景之乱又称太清之难，是指中国南北朝时期南朝梁将领侯景发动的武装叛乱事件。侯景本为东魏叛将，被梁武帝萧衍所收留，因对梁朝与东魏通好心怀不满，遂于548年以清君侧为名在寿阳（今安徽寿县）起兵叛乱，549年攻占梁朝都城建康（今江苏南京），将梁武帝活活饿死，随后掌控梁朝军政大权。

菩提达摩：南印度人，南北朝禅僧，简称达摩或达磨，意译为觉法。据《续高僧传》记述，属刹帝利种姓，通彻大乘佛法，为修习禅定者所推崇。

独孤信：个人魅力就是生产力

大咖登记表

姓名：独孤信

昵称：独孤郎

性别：男

主要成就：镇守陇右十年，治绩突出

微博名称：@天下第一岳父（粉丝千万+）

抖音名称：天下第一岳父（粉丝千万+）

朋友圈个性签名：生娃还是女儿好

属性：岳父

爱好：工作

出生年份：503年

逝世年份：557年

话说独孤信

独孤信,原本叫独孤如愿,出生在云中郡一个鲜卑族的家庭中。从外貌来看,鲜卑族人多是虎背熊腰,从远处看就像是一座移动的小山。但独孤信是鲜卑族人中与众不同的一个,他长得虽然高大,但并不是五大三粗的类型,相貌上更是秀气俊美,有着非凡的气度。

你可千万不要以为独孤信是个小白脸,他生得俊俏,但也传承了鲜卑族的彪悍,整个人散发着阳刚之气。尤其是到了战场上,他善于骑射,又很懂战术,绝对是古装电视剧的男主角,所以粉丝都亲昵地称呼他为独孤郎。

独孤信一生在北魏、西魏、北周三朝为官,官至大司马、柱国大将军,镇守陇右近十年,只要有他在,敌人都不敢来捣乱。《北史·独孤信传》记载:"信美风度,雅有奇谋大略。"你看看,人比人气死人,长得帅也就算了,人家还胸有韬略,颜控们爱他,老百姓也爱他。

除了自己相貌出众之外,他的女儿们也个个都是大美人。长女独孤氏,是北周明帝宇文毓的皇后,谥号明敬皇后;四女独孤氏是唐高祖李渊之母,追封元贞皇后;七女独孤伽罗,是隋文帝杨坚的皇后,谥号文献皇后。三个女儿是皇后,让他有了"天下第一岳父"的美称。

才艺展示：真人秀

说实话，鄙人不才，实在没什么才艺，兴趣爱好也不够广泛，不如就给大家来一场真人秀吧，都说我颜值挺高，就给大家展示一下吧！

带货清单：帽子

要说如何无痕带货，独孤信是相当有发言权的。

在秦州的时候，有一次出城打猎，结果大家玩得太尽兴了，天黑才意识到该返程了。为了早点入城，于是大家快马加鞭往回赶，风声呼啸，独孤信的帽子在不经意间被吹歪了。家，他是回了，侧戴帽子这一幕也火了。

回想起那一幕，独孤信还有些腼腆，他隐约记得当时返程的路上，有不少人盯着他看，有些还聚在一起窃窃私语，毕竟平时也没少被"议论"，所以这一次他也没怎么在意。谁知道第二天，很快就上了同城热搜，他发现大家不约而同地将帽子侧着戴。那时有帽子的绝对不放过追赶这个潮流的机会，没帽子的也赶紧入手帽子，势必要蹭上这个热度。

这可不是传说故事，是被官方史书《周书·独孤信传》认证过的，书中写道："信在秦州，尝因猎日暮，驰马入城，其帽微侧。

诘旦，而吏民有戴帽者，咸慕信而侧帽焉。其为邻境及士庶所重如此。"由此，"侧帽风流"便成了一个家喻户晓的故事。

清人褚人获在自己的《坚瓠集》里感叹说："若信武官，处偏安之世，而能风动如此，为尤奇也。"他说得就很直接了，明明只是个武将，又赶上动荡不安的年代，为什么却能如此轻而易举地引领潮流呢？

除了受到普通老百姓的追捧，就连写下"一生一代一双人"的风流才子纳兰性德也是独孤信的粉丝，他的第一本词集就命名为《侧帽集》。如纳兰性德这一类人，自负且孤傲，基本看不上一般人，但面对独孤信这样出身显贵且才华横溢的人，还是忍不住粉了起来。一句"倚柳题笺，当花侧帽，赏心应比驱驰好"，足可见他的激动之情。

除了侧帽风流之外，独孤信也以文韬武略收获了一大批职位，你没看错，他的职位得以"一大批"来计算，头衔也快数不过来了。这足以说明他非常有能力，但也有一个麻烦，就是回复公文的时候，每次需要盖章时都要在一堆印章中找半天，这就非常浪费时间。

独孤信不愧是打工人的榜样，别人都是想方设法摸鱼，他是绞尽脑汁提高工作效率。就这样，"史上第一枚多面印信"诞生了，他将自己会用到的所有内容都刻在了同一枚印章上，一共有26面，镌有14面印文，分别为"臣信上疏""臣信上章""臣信上表""臣信启事""大司马印""大都督印""刺史之印""柱国之印""独孤信白书""信白笺""信启事""耶敕""令""密"等。这枚大印被称为"独孤信多面体煤精组印",简称"独孤信印"。

这款印章没有火起来,不是因为印章不好看,实在是没有几个人能同他一样,同时拥有这么多头衔,所以还是侧戴帽子比较受欢迎。

人物采访笔记

大会组委会:独孤大人,见到您真是三生有幸啊!

独孤信:过奖过奖。

大会组委会:听说您大女儿的婚姻最近出了点问题,方便透露一点吗?

独孤信:那都是娱记乱写的,你们这正经官媒也这么八卦吗?

大会组委会:哈哈(尴尬一笑,试图缓解气氛),还是聊聊您的新款帽子吧。

独孤信:没什么好聊的,就是普通帽子。

大会组委会：哈哈（完蛋了，聊不下去了），看您神色匆匆，那就不多打扰了。

独孤信：算你识趣，我这儿还有许多章要盖呢。

大会组委会：您忙，您忙！（快溜……）

知识小课堂

褚人获：明末清初文学家，一辈子没中试，也一辈子没做过官。或许仕途并不适合他，但他在文学方面著作颇丰，传世作品有《坚瓠集》《读史随笔》《退佳琐录》《续蟹集》《宋贤群辅录》《隋唐演义》等。他还是个爱交朋友的人，尤侗、洪昇、顾贞观、张潮、毛宗岗等清初著名作家都是他的好朋友。

纳兰性德：叶赫那拉氏，字容若，号楞伽山人，原名纳兰成德，一度因避讳太子保成（爱新觉罗·胤礽）的名字而改名纳兰性德。满洲正黄旗人，清朝初年词人。纳兰性德自幼饱读诗书，文武兼修，十七岁入国子监。纳兰性德的词以"真"取胜，写景逼真传神，词风"清丽婉约，哀感顽艳，格高韵远，独具特色"。著有《通志堂集》《侧帽集》《饮水词》等。

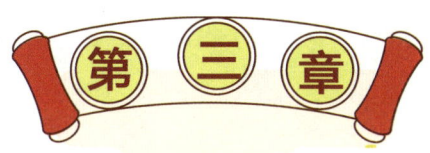

第三章

隋唐有顶流

李白：想找乐子的小伙伴，赶快进我的直播间

大咖登记表

姓名：李白

昵称：诗仙

性别：男

主要成就：创造了古代浪漫主义文学高峰，歌行体和七绝达到了后人难以企及的高度

微博名称：@太白游戏人间（粉丝千万+）

抖音名称：太白游戏人间（粉丝千万+）

朋友圈个性签名：不要迷恋哥，哥只是一个传说

属性：浪漫主义诗人

爱好：喝酒、写诗、旅游

出生年份：701年

逝世年份：762年

话说李白

　　李白，字太白，其家世、家族皆不详。就是那个生活在盛唐时期的诗仙，爱写诗、爱喝酒、爱旅游、爱交朋友，一生放荡不羁爱自由，绣口一吐就是同行无法企及的绝世诗篇。

　　在我国的文学史上，前有浪漫主义诗人屈原，后面就是这位大佬。俗话说，大佬的朋友都是大佬，确实没错。李白的一生之中，不得不提的铁杆朋友有6个，包括与他亦师亦友的贺知章、无话不谈的元丹丘、他的偶像孟浩然、诗圣杜甫、铁杆粉丝魏万和汪伦。

　　自小，李白就有着其他小朋友没有的天资。十岁时，不仅能熟读诸子百家的学说，还能有一番自己的见解。在他自己的规划中，成为文学家不是他的首选，他更想成为骁勇善战的将军。可惜的是，他没能做成将军，也没能在官场中实现抱负，最终，曾经意气风发的少年郎，也不得不接受现实，郁郁而终。

才艺展示：诗歌朗诵

　　大家都称我为诗仙，我觉得有必要给大家朗诵一首我的得意之作——《将进酒》，我相信在座的各位都不陌生，毕竟在学生时代，它都是要求全文朗读及背诵的，我也希望大家坚信"天生我材必有用"，接下来请欣赏：

君不见黄河之水天上来,奔流到海不复回。

君不见高堂明镜悲白发,朝如青丝暮成雪。

人生得意须尽欢,莫使金樽空对月。

天生我材必有用,千金散尽还复来。

烹羊宰牛且为乐,会须一饮三百杯。

岑夫子,丹丘生,将进酒,杯莫停。

与君歌一曲,请君为我倾耳听。

钟鼓馔玉不足贵,但愿长醉不愿醒。

古来圣贤皆寂寞,惟有饮者留其名。

陈王昔时宴平乐,斗酒十千恣欢谑。

主人何为言少钱,径须沽取对君酌。

五花马,千金裘,呼儿将出换美酒,与尔同销万古愁。

带货清单（1）：兰陵美酒

李白有多爱喝酒呢？这个问题很好回答，就像他自己说的，"五花马，千金裘，呼儿将出换美酒，与尔同销万古愁"。自己没钱买酒怎么办？好说！把儿子叫过来，家里值钱的东西都可以拿去卖了换酒！对他来说，喝酒是一种享受，写诗是一种放松，那么边喝酒边写诗，就是最畅快的时刻，所以就有了"李白斗酒诗百篇"。

品尝过那么多酒，李白对酒的认知也超出了一般人，这款酒到底好不好，他一尝便知。所以，但凡李白推荐的酒，那自然是酒友们的心头好。

产自山东苍山县的"兰陵美酒"，在一分钱没花的情况下，让李白心甘情愿地为其写了一首广告——"兰陵美酒郁金香，玉碗盛来琥珀光。但使主人能醉客，不知何处是他乡。"掰着手指头一算，这首诗一共28个字，话虽然说得不多，但是把兰陵美酒的色、香、味都表现了出来。好酒配好诗，一下子就成了爆款，而且是千年热销款。

别以为兰陵美酒是普通的酒，明代医学泰斗李时珍就从医学的角度，介绍了饮用兰陵美酒的种种好处，《本草纲目》中提到："兰陵美酒，清香远达，色复金黄，饮之至醉，不头痛，不口干，不作泻。其水秤之重于他水，邻邑所造俱不然，皆水土之美也，常饮入药俱良。"你看，李白推荐的这款酒，不仅好喝还养生呢！

实事求是地来讲，就算是资质平平的酒，也能让李白卖成爆款，只要他劝酒词一出口，你就会乖乖下单，而且是立马下单。比如"千金散尽还复来。烹羊宰牛且为乐，会须一饮三百杯"，就是劝你要想开点，要懂得及时行乐，钱没了就没了，没什么大不了的，人活着最主要的是快乐；"将进酒，杯莫停……钟鼓馔玉不足贵，但愿长醉不愿醒"，他又说了，别停、别停，继续喝！荣华富贵算得了什么？微醺才是人生的最佳状态！

听他说完、看他喝完，不知不觉间，你的购物车里已经放了不少酒了，最后直接付款，坐等收货、畅饮！

带货清单（2）：旅游景点

李白是个闲不住的人，在那个车马慢慢悠悠的年代，他就已经游遍了大江南北。粗略统计来看，他去过 18 个省市、206 个州县，登上了 80 多座山峰，看过 60 多条江河、20 多个湖潭。但凡李白去过的地方，那都必将成为打卡胜地。

25 岁之前，李白是在巴山蜀水间晃悠。25 岁那年，开始迈出蜀地，走向更远的地方。他的第一次远游，"浮洞庭，历襄汉，上庐山，东至金陵、扬州，复折回湖北，以安陆为中心，又先后北游洛阳、龙门、嵩山、太原，东游齐鲁，登泰山，南游安徽、江苏、浙江等地"，掐指一算，差不多游览了半个中国。

李白不仅以酒会友,也以旅行会友,孟浩然这个朋友就是这么来的。孟浩然也酷爱旅游,在四处游览的路上遇见了李白,二人就这样成了朋友。当李白和孟浩然即将分别之际,他还写了一首《黄鹤楼送孟浩然之广陵》,在诗中,李白依依不舍地说道:"故人西辞黄鹤楼,烟花三月下扬州。孤帆远影碧空尽,唯见长江天际流。"唉,分别就在眼前,心里苦啊!

山水田园诗人王维也是李白的朋友,而且这个朋友也是通过旅行得来的。王维旅游到洛阳,正好碰上了李白,两个人组成了旅游团继续前进,到了开封的时候,又碰上了高适,三个人就这样肩并肩,开开心心地开启了三人游的模式。

带货清单(3):仙人掌茶

不知道大家喝没喝过仙人掌茶,李白已经准备好给大家着重推荐这一款茶了:"茗生此中石,玉泉流不歇。根柯洒芳津,采服润肌骨。"遇到李白之前,它名不见经传;遇到李白之后,它便大放异彩。

李白发现仙人掌茶的时候,正在南京的栖霞寺漫步,心情别提有多舒畅了。就这样悠闲地走走停停,正巧与侄儿辈的当阳玉泉寺僧人中孚相遇,他俩是同宗族人,中孚也喜欢写诗,如今见到了偶像,激动得无以言表。

按照中孚的原计划，他就盘算着去拜访李白，所以提前准备了见面礼——自制的"仙人掌茶"，这可是当阳玉泉寺的特产。此外，他也准备了自己的几首咏茶诗，想着让大名鼎鼎的李白点评一二。

李白随中孚来到亭子，接下来就收到了中孚精心准备的两份礼物，还在现场煮起了仙人掌茶。

两个人你一言我一语，倒像是多年未见的朋友。他们聊起了当阳玉泉寺的历史，李白这才知道，早在东汉建安二十三年（218年），普净和尚就在那里结茅为庵，转眼来到隋开皇年间，佛教天台宗创始人智顗和尚就在这里正式创建了玉泉寺，并与南京栖霞寺、山东长青灵岩寺、浙江天台国清寺并称为"天下丛林四绝"。

讲到仙人掌茶，中孚向李白讲解说，在玉泉寺中有一珍珠泉，之所以叫这个名字，是因为当你在泉水边上鼓掌、跺脚的时候，泉中就会冒出一串串珍珠般的气泡。保守估计，每天的涌水量可以达到千吨以上，泉水甘甜且常年恒温，而且不止一处泉眼，在玉泉山和附近的其他山上也有，生长在那里的茶树太幸福了，仙人掌茶就是用这些茶树上的嫩芽做成的。

传说中，在附近山洞住着的蝙蝠，它们就天天喝泉水，最后量变引起质变，变成了仙鼠，可以长生不老。还有一个玉泉真公，因为天天喝仙人掌茶，直到八十多岁还拥有粉嫩鲜亮的皮肤，轻松达成了永葆青春的小目标。

中孚聊嗨了，李白也聊嗨了，趁着兴致高昂，他挥笔写下一首

《答族侄僧中孚赠玉泉仙人掌茶（并序）》，序曰：

余闻荆州玉泉寺近清溪诸山，山洞往往有乳窟，窟中多玉泉交流，中有白蝙蝠，大如鸦。按《仙经》，蝙蝠一名仙鼠，千岁之后，体白如雪，栖则倒悬，盖饮乳水而长生也。其水边处处有茗草罗生，枝叶如碧玉。惟玉泉真公常采而饮之，年八十余岁，颜色如桃花。而此茗清香滑熟，异于他者，所以能还童振枯，扶人寿也。余游金陵，见宗僧中孚，示余茶数十片，拳然重叠，其状如手，号为"仙人掌茶"。盖新出乎玉泉之山，旷古未觌。因持之见遗，兼赠诗，要余答之，遂有此作。后之高僧大隐，知仙人掌茶发乎中孚禅子及青莲居士李白也。

仙人掌茶清香又柔顺，和其他的茶不同，没有半点生、涩的味道。不仅如此，此茶还有延年益寿的功效。李白倾情推荐：想品尝不苦涩的茶，那就首选仙人掌茶；想拥有不老容颜，还是首选仙人掌茶。

人物采访笔记

大会组委会：诗仙请留步！

李白：嗯？要一起喝酒吗？

大会组委会：不了不了，工作期间是不允许喝酒的。

李白：谁说的？叫他过来，我跟他好好喝喝。

大会组委会：呃……不劳您费心了，您这急匆匆的样子，是要干什么去啊？

李白：嘿，跟孟浩然他们约好出去浪呢，这不快到集合的时间了？我得赶紧过去，要不然肯定得自罚三杯。

大会组委会：啊，那您先忙，我们就不耽误您的时间了。

李白：等会儿……迟到得自罚三杯……那我可以再被你耽误一阵子。

大会组委会：您为了多喝几杯酒，可是真拼啊！

李白：你这话就不对了，那是单纯的拼吗？那是一种快乐。

大会组委会：您说的都对……

知识小课堂

兰陵美酒：兰陵美酒的酿造史同中国的青铜器一样古老，始酿于商代，迄今已有3000多年的历史。战国时期，一代圣哲荀子两任兰陵令，为兰陵酒业的发展奠定了深厚的历史文化基础。

玉泉寺：为佛教圣地天台宗祖庭之一，曾与浙江天台国清寺、山东济南灵岩寺、江苏南京栖霞寺并称为"天下四绝"，被誉为"三楚名山"。

杜甫：旅行+美食，拿好你的快乐攻略

姓名：杜甫

昵称：诗圣

性别：男

主要成就：唐代伟大的现实主义文学作家，唐诗思想艺术的集大成者

微博名称：@少陵野老（粉丝千万+）

抖音名称：少陵野老（粉丝百万+）

朋友圈个性签名：以天下为己任

属性：现实主义诗人

爱好：写诗

出生年份：712 年

逝世年份：770 年

话说杜甫

杜甫的一生跌宕起伏。他生在京兆杜氏,那可是当时响当当的大士族,要钱有钱、要权有权。在这样优越的家庭环境下,杜甫过着富足安定的生活,加上天资聪颖又好学,7岁的时候就能作诗。19岁时,去了趟郇瑕,20岁时,去了吴越,一去就是好几年。直到唐玄宗开元二十三年(735年),他返回家乡参加了乡贡,后来参加进士考试时落第。

天宝三载(744年)四月,杜甫与这辈子最要好的朋友李白相遇了,两个人一起游梁、宋(今河南开封、商丘一带),之后杜甫自己去了齐州(今山东济南)。到了天宝四载(745年)秋,杜甫满怀热情地赶赴兖州与李白相聚,两个人又开始同游,一起谈诗论文,一起谈天说地,这是杜甫最畅快的日子。此次相会后,两个人再也没能见面。

杜甫忧国忧民,有心当个好官,为百姓多做点好事。但可惜仕途不顺,考试遭遇权相李林甫编导的闹剧,但凡参加考试的士子都落榜了。为了当上官,他又开始四处奔走献赋,结果就是困在长安,一直郁郁不得志,一直过着贫困的生活。

当不上官也就算了,偏偏又遇上战乱,不但吃不饱肚子,性命还堪忧。天宝十四载(755年)十一月,安史之乱爆发。第二年六月,潼关失守，玄宗仓皇西逃。七月，太子李亨即位于灵武，是为唐肃宗。

原本已经到了避难地的杜甫，又燃起了希望，他只身北上，准备去碰碰运气，结果被叛军俘虏，后来好不容易逃了出来，又继续北上。最终，肃宗给了他一个左拾遗的官，但可惜，两个人似乎不太合拍，杜甫时不时被贬，最终再也没有得到重用。后来，杜甫弃官，在四川漂泊了八九年，又在湖北、湖南漂泊了几年，于大历五年（770年）冬，死在由长沙到岳阳的一条破船上。

才艺展示：诗歌朗诵

之前总有人说我这一生很悲催，少不了可怜我，确实，我这一生穷困潦倒，居无定所。不过，苦虽苦，但能为民呼疾苦，为国家谋未来，我还是很开心的。那我也来一首诗朗诵吧，名字叫《茅屋为秋风所破歌》：

八月秋高风怒号，卷我屋上三重茅。茅飞渡江洒江郊，高者挂罥长林梢，下者飘转沉塘坳。

南村群童欺我老无力，忍能对面为盗贼。公然抱茅入竹去，唇焦口燥呼不得，归来倚杖自叹息。

俄顷风定云墨色，秋天漠漠向昏黑。布衾多年冷似铁，娇儿恶卧踏里裂。床头屋漏无干处，雨脚如麻未断绝。自经丧乱少睡眠，长夜沾湿何由彻！

安得广厦千万间，大庇天下寒士俱欢颜！风雨不动安如山。呜呼！何时眼前突兀见此屋，吾庐独破受冻死亦足！

带货清单（1）：泰山一日游

节假日不知道去哪里玩？杜甫有话要说，当然是去泰山！

灯光、音乐准备好，杜甫要开始推荐了："岱宗夫如何？齐鲁青未了。造化钟神秀，阴阳割昏晓。荡胸生曾云，决眦入归鸟。会当凌绝顶，一览众山小。"没错！就是去爬泰山。推荐理由很简单，因为泰山气势磅礴，去一次不上当，去两次不吃亏，去三次有助于提升格局。

作为国家重点风景名胜区，泰山是中华民族伟大崇高的象征，有"五岳之首""天下第一山"的美誉。泰山的名字还挺多的，又叫岱山、岱宗、岱岳、东岳、泰岳，位于山东省中部，隶属泰安市，绵亘于泰安、济南、淄博三市之间，总面积25000公顷，主峰玉皇顶海拔1532.7米。不光是海拔高，还有不少名胜古迹可以探寻，如岱庙、普照寺、碧霞祠、经石峪刻石、灵岩寺，等等。另外，观景点也不少，如玉皇顶、日观峰、月观峰、石坞松涛、鹰愁涧、龙潭瀑布等，来一趟包你大饱眼福。

什么？不喜欢爬山？那也没关系！还是推荐你坐缆车去泰山看看。

带货清单（2）：生鱼片

说起吃生鱼片，好像第一反应都是日本的特色，实际上，咱大中国早就对生鱼片有研究了。早在春秋时期，孔子就提出"脍不厌细"，说的就是生鱼生肉这一类的食材，切得越细薄越好吃。

杜甫除了幼年时过得舒服惬意，剩下的日子都挺悲催，但所幸时不时有朋友接济，这美味的生鱼片就是在朋友家吃的。那么到底有多好吃呢？杜甫说："无声细下飞碎雪，有骨已剁觜春葱。"你试着想象一下，如同碎雪一般的鱼肉，肉质是那么嫩，简直入口即化。

与日本的生鱼片相比，二者还是有所不同的。日本的生鱼片原料比较丰富，鱼类的话，包括三文鱼、旗鱼、鲈鱼、鲔鱼等；甲壳类的话，包括海胆虾、龙虾等；贝类的话，包括鲍鱼、牡蛎、赤贝、北极贝等。它们都是被切成片状。杜甫推荐的生鱼片，大多是用鲫鱼，而且是切成丝状，就像孔子说的，得切得很细很细，这就很考验刀功了。

喜欢吃鱼的朋友，一定要尝尝这道菜，让你吃了一顿想两顿，吃了两顿想下顿。

人物采访笔记

大会组委会：诗圣您好，久仰大名，对您的遭遇，大家也都挺惋惜的。

杜甫：大可不必，大可不必！我虽一生漂泊，但我内心是坚定的，也是丰盈的。

大会组委会：听说您给李白写了不少诗，但他却很少给您写诗，您生气吗？

杜甫：李白给你写过诗吗？

大会组委会：这个……还真没有。

杜甫：那他至少还给我写过那么两首吧，我有什么好生气的？

大会组委会：呃……可是……

杜甫：真正的友情是灵魂的交流，我们就是这样的。

大会组委会：好感动啊……

知识小课堂

李林甫：此人为相十九年，是唐玄宗时期在位时间最长的宰相，到了后期，他独揽大权，不听任何劝谏之言，也开始排斥抵触有才华的人，杜甫的仕途就是被他耽误了。最关键的是，他重用胡将，给了安禄山做大做强的机会，唐朝之所以由盛转衰，他算是"功不可没"。

安史之乱：唐朝发生的一场大叛乱，从此，唐由盛而衰，藩镇割据愈演愈烈。这场叛乱是由安禄山和史思明发起的，所以叫安史之乱，又因为爆发于唐玄宗天宝年间，又叫"天宝之乱"。

李亨：唐肃宗（711年—762年），唐玄宗李隆基第三子，唐朝的第八位皇帝，也是第一个在京师以外登基再进入长安的皇帝，至德元载（756年）至宝应元年（762年）在位。因安史之乱，被唐玄宗任为天下兵马大元帅，领朔方、河东、平卢节度使，负责平叛。唐玄宗西逃入蜀，李亨在马嵬坡为百姓所留，遂与唐玄宗分道，北上至灵武。于至德元载（756年）七月十二日，在灵武即位，并尊称唐玄宗为太上皇。他命郭子仪、李光弼、李嗣业等将领讨伐安史叛军，先后于至德二载（757年）九月和十月收复长安、洛阳两京。

杨贵妃:每个女人都应该有一条石榴裙

大咖登记表

姓名:杨玉环

昵称:杨贵妃

性别:女

主要成就:《霓裳羽衣》舞蹈等

微博名称:@杨玉环(粉丝千万+)

抖音名称:杨玉环(粉丝千万+)

朋友圈个性签名:天生丽质难自弃

属性:微胖美女

爱好:打扮

出生年份:719年

逝世年份:756年

话说杨贵妃

颜值即正义,算是半句真理。用"天生丽质难自弃"来形容杨玉环,简直再合适不过了。众所周知,唐朝以胖为美,杨贵妃就胖得恰到好处,她到底有多美呢?让白居易来回答,就是"回眸一笑百媚生,六宫粉黛无颜色";让李白来回答,就是"云想衣裳花想容,春风拂槛露华浓。若非群玉山头见,会向瑶台月下逢"。作为中国古代四大美女之一,她自带光环,难能可贵的是,她还精通音乐和舞蹈,否则怎能把唐玄宗迷得神魂颠倒呢?

她先是嫁给寿王李瑁为妃,后来在开元二十八年(740年)奉命出家成了女道士,再后来唐玄宗让她还俗,并且接她进宫封为贵妃,这一去一回之间就是两段爱情。

天宝十四载(755年),安禄山发动叛乱,唐玄宗李隆基带着她流亡蜀中,途经马嵬驿时,士兵哗变,她被赐死。

※ 才艺展示:胡旋舞 + 诗歌朗诵

我是个喜欢唱歌跳舞的人,今天机会难得,先给大家来一段胡旋舞吧。大家都知道我微胖,但我跳胡旋舞的时候,大家都说我身段飘摇,翻跃如风。

此外呢,我也想朗诵一首自己的诗,名为《赠张云容舞》,已收录在《全唐诗》中:

罗袖动香香不已,红蕖袅袅秋烟里。
轻云岭上乍摇风,嫩柳池边初拂水。

带货清单:石榴裙

杨玉环性格婉顺,是个温柔如水的女人,一颦一笑间就能成为万众瞩目的焦点,但凡她喜欢的就是大家喜欢的,带货能力也堪称一流。

爱美之心人皆有之,要说唐朝女士最爱的一件衣服,那一定是石榴裙,这是绝对的时尚单品。石榴裙鲜红如血,加上用绫制成,整体鲜艳飘逸,穿上之后更把美女显得楚楚动人。杨玉环虽然不是石榴裙的发明者，但却是让石榴裙发扬光大的人，还让石榴裙成了服装界的巅峰。

前有周幽王烽火戏诸侯，只为让美人褒姒微微一笑，后有唐玄宗不远万里送荔枝，只为让美人杨玉环解馋。"一骑红尘妃子笑，无人知是荔枝来"，不敢轻易断定唐玄宗对杨玉环是不是真爱，但真的够霸道、够宠爱。荔枝还不是全部，唐玄宗还特意为杨贵妃种了许多石榴，当花开之际，她穿上石榴裙在其中翩翩起舞，万朵鲜花都成了她的陪衬。

石榴裙硬是凭借杨贵妃的美貌成为万千女士的标配，衣服可以不必多，但石榴裙必不可少。虽然石榴裙浸染工艺复杂，价格也并不低，但依旧挡不住姑娘们的购买欲。要是谁有一件石榴裙，那可是值得显摆的事儿，尤其是在宫中，其他妃子都瞄准了时尚教主杨贵妃的穿衣打扮，石榴裙也就随之成为流行的爆款。

石榴裙没有固定的款式，但颜色是不变的。白居易在《琵琶行》中写道："曲罢曾教善才服，妆成每被秋娘妒……钿头银篦击节碎，血色罗裙翻酒污。"其中，"血色罗裙"说的就是石榴裙，裙子是血色，可见有多么鲜艳。从款式来讲，不夸张地说，真的是五花八门，即便与现代的服装相比，也毫不逊色。石榴裙不只在唐朝流行，明代唐寅在《梅妃嗅香》一诗中写道："梅花香满石榴裙。"可见石榴裙流传久远，一直备受姑娘们的喜爱。

还有一些人对"从此君王不早朝"尤为不满，不敢对皇帝怎么样，只能给杨贵妃甩脸色。当遇见杨贵妃时，他们就跟没看见一样，既不打招呼，也不行礼，但这种排斥对杨贵妃来说无关痛痒，她该吃吃、该喝喝，凡事不往心里搁。

直到有一天，宴会之上，唐玄宗想让杨贵妃献舞助兴，一向温润顺从的杨贵妃却一反常态，悄悄对皇帝说不愿意，因为这些大臣不讲礼数，所以她也不愿为他们跳舞。这可气坏了唐玄宗，自己捧在手心里的宝贝竟然受了委屈，他直接下令，以后谁见了杨贵妃不跪拜的话，直接按欺君之罪论处。从此，那些人不想拜倒在石榴裙下也不行了。我们现在常说的"拜倒在石榴裙下"，应该就是这么来的。

人物采访笔记

大会组委会：杨大美女，好久不见，愈发光彩照人啦！

杨贵妃：过奖啦！我推出的石榴裙下单了吗？

大会组委会：这个……我是男孩子哟……

杨贵妃：那你就没有女朋友吗？

大会组委会：这个……我还单身……

杨贵妃：没关系，你的脱单大事包在我身上。

大会组委会：那真是感激不尽啊！

杨贵妃：但我有一个要求。

大会组委会：您请说！

杨贵妃：脱单后立马给女朋友买一条石榴裙。

大会组委会：好的好的好的！

绫：采用斜纹组织或斜纹地提花组织的中国传统丝织物，是在绮的基础上发展起来的。始产于汉代以前，盛于唐、宋。绫光滑柔软，质地轻薄，用于书画装裱，也制作衬衫、睡衣等。用作装裱图画、书籍以及高级礼品盒等的称裱画绫。

烽火戏诸侯：指西周末年的历史事件。周幽王为博褒姒一笑，点燃了烽火台，戏弄了诸侯。褒姒看了果然哈哈大笑。周幽王很高兴，因而又多次点燃烽火，导致诸侯们都不再相信烽火，也就渐渐不来了。后来犬戎攻破镐京，杀死周幽王。周幽王的儿子周平王东迁，开始了东周时期。

白居易:"刘白"牌冰镇水果汁,避暑达人的最爱

姓名:白居易

昵称:白二十二

性别:男

主要成就:新乐府运动主要倡导者,写下了不少反映人民疾苦的诗篇

微博名称:@新乐府运动倡导者(粉丝千万+)

抖音名称:元和体就是好(粉丝千万+)

朋友圈个性签名:今天,你用元和体了吗

属性:现实主义诗人

爱好:写诗

出生年份:772年

逝世年份:846年

话说白居易

白居易，字乐天，号香山居士，又号醉吟先生，有"诗魔"和"诗王"之称。后人将李白、杜甫和他称作唐诗三大佬。

作为唐诗三大佬之一，不搞出点惊天动地的动静，怎么对得起大佬称号？他与元稹一拍即合，开始共同倡导新乐府运动，大家管他俩叫"元白"。除此之外，白居易还和刘禹锡一起被称为"刘白"。

白居易写诗可以说是想写啥就写啥，题材多，形式也多，完全没有任何禁忌。他笔下的每一句诗歌都通俗易懂，绝对不会故作高深，所以流传极广，代表作有《长恨歌》《卖炭翁》《琵琶行》等。很多经典诗歌，已经成为现代课本上的必读、必备诗篇。

✦ 才艺展示：诗歌朗诵

我是一位现实主义诗人，话不多说，就给大家朗诵一首我的《长恨歌》吧！这首长篇叙事诗呢，灵感来自唐玄宗与杨贵妃的爱情悲剧，经典就在于"回眸一笑百媚生，六宫粉黛无颜色"，希望大家喜欢：

> 汉皇重色思倾国，御宇多年求不得。
> 杨家有女初长成，养在深闺人未识。
> 天生丽质难自弃，一朝选在君王侧。
> 回眸一笑百媚生，六宫粉黛无颜色。
> 春寒赐浴华清池，温泉水滑洗凝脂。
> 侍儿扶起娇无力，始是新承恩泽时。
> 云鬓花颜金步摇，芙蓉帐暖度春宵。
> 春宵苦短日高起，从此君王不早朝。
> 承欢侍宴无闲暇，春从春游夜专夜。
> 后宫佳丽三千人，三千宠爱在一身。
> ……

✦ 带货清单（1）：御赐冰块

白居易是个怕热的人，一热就要吐槽一番，如"不堪逢苦热，犹赖是闲人"，又如"经时苦炎暑，心体但烦倦"，再如"人人避暑走如狂,独有禅师不出房。可是禅房无热到?但能心静即身凉"……总而言之,就是天气太热,让他郁闷了。

所以,为了消暑,白居易可没少想办法,今天要给大家推荐的,就是由他亲测有效的避暑爆款产品,居家消暑必备——大唐皇帝御赐冰块。

当时,白居易收到御赐冰块之后,喜出望外,特意写下了《谢恩赐冰状》。他写道:"右,今日奉宣旨,赐臣等冰者。伏以颁冰之仪,朝廷盛典,以其非常之物,用表特异之恩。况春羔之荐时,始因风出,当夏虫之疑日,忽自天来,烦暑迎消,清飙随至。受此殊赐,臣何以堪,欣骇惭惶,若无所措。但饮之栗栗,常倾受命之心,捧之兢兢,永怀履薄之戒,以斯惕厉,用答皇恩。谨奉状陈谢以闻。"心情激动就不用多说了,简直就是"烦暑迎消,清飙随至",太受用了。

这款产品有三个卖点:第一,大唐皇帝御赐,这个来头可不小;第二,简单一块,就能让你瞬间透心凉、心飞扬;第三,"回眸一笑百媚生,六宫粉黛无颜色"的大明星——杨玉环,也在用这款冰块,百分之一百的明星同款。

当然,大唐皇帝御赐的冰块属于专属定制款,价格也是稍微偏高一些,有实力的朋友可以入手这一款;但对于工薪阶层来讲,还是推荐大家入手非御赐冰块,前者贵就贵在御赐上,但是不管从质量上来讲,还是体验感上来讲,后者毫不逊色。所以怕热的老铁们,这款冰块是一定要入手的,包你清爽一夏。

带货清单（2）："刘白"牌冰镇水果汁

夏天酷热难耐，怎么能少了清爽的"刘白"牌冰镇水果汁呢？

如果说冰块是居家必备，那么这款由刘禹锡和白居易联名推出的冰镇水果汁就是必备中的必备，喝一口倍感清凉，喝两口就能直接回到冬天。

白居易与刘禹锡是河南老乡，而且巧的是，两个人生在同一年。更重要的是，两个人志同道合，加上相同的遭遇，更是拉近了彼此的距离，可以说是互为知音。

想当年，两个人在扬州相逢，老乡见老乡，两眼泪汪汪，二人直奔小酒馆。本来白居易为老刘被贬感到郁闷，感慨说"亦知合被才名折，二十三年折太多"，可是刘禹锡这兄弟是真的乐观，接了一句"沉舟侧畔千帆过，病树前头万木春"，这格局一下子就上去了。

说回咱们这款产品，"刘白"牌冰镇水果汁就是由刘禹锡研发的，他告诉白居易"赐冰满碗沉朱实，法馔盈盘覆碧笼"，就是在夏天的时候，准备些冰块和李子，然后将它们放在同一个碗里，这样一来，就能吃到冰爽的水果了。后来，白居易将吃法升级了一下，直接榨成果汁，口感立马提高数倍，成为风靡一时的"网红"爆款！

人物采访笔记

大会组委会：白大人，夏天这就要来了，您又备下什么好货了?

白居易：嘘,这可不能提前告诉你。

大会组委会：这……需要搞得这么神秘吗?

白居易：当然,商品即商机,现在还是需要保密的。

大会组委会：好的好的,那我们就期待您的新消暑神器啦!

白居易：瞧好吧,记得关注我的直播间,到时候有粉丝福利价哟!

大会组委会：马上关注!

知识小课堂

元稹：唐代的文学家,年轻的时候就有了名气。他与白居易是同科及第,缘分来了挡也挡不住,就这样成了终生的诗友,一起倡导新乐府运动,一起创立了"元和体",世人称他们为"元白"。

刘禹锡：唐朝时期大臣、文学家、哲学家,诗文俱佳,有"诗豪"之称。他和柳宗元合称"刘柳",与韦应物、白居易合称"三杰",与白居易合称"刘白"。他的哲学著作《天论》三篇,论述了天的物质性,分析了"天命论"产生的根源,具有超前的唯物主义思想。

薛涛：提升写诗氛围感，这款信笺YYDS[①]

姓名：薛涛

昵称：女校书

性别：女

主要成就：与卓文君、花蕊夫人、黄娥并称蜀中四大才女，与鱼玄机、李冶、刘采春并称唐代四大女诗人

微博名称：@想恋一个爱（粉丝百万+）

抖音名称：等一个人（粉丝百万+）

朋友圈个性签名：爱情是杯酒，谁喝都会醉

属性：高颜值才女

爱好：写诗

最大爱好：写诗

---

① 网络流行语，即"永远的神"的缩写。

出生年份：768 年

逝世年份：832 年

话说薛涛

薛涛，生在唐代，是乐伎，是清客，是蜀中女校书，也是诗人。

父亲薛郧学识渊博，在京城长安任职，而且只有这一个女儿，便格外疼爱。在薛涛很小的时候，父亲就开始教她读书写诗。在 8 岁的时候，父亲在梧桐树下乘凉，有感而发"庭除一古桐，耸干入云中"，薛涛听见了，不假思索地说道"枝迎南北鸟，叶送往来风"。父亲心道：我女天资极高，是个好苗子，但女子无才便是德，未来恐祸福相依不可料定。果然，薛涛安稳幸福的日子并没有持续太久。

薛郧这个人，最大的优点就是正直，敢于说真话，但这也是他最大的缺点，在天子脚下，一不小心就容易得罪权贵，最终他被贬谪到四川。但这只是不幸的开始，几年后，他出使南诏，结果沾染了瘴疠，不治身亡。

父亲的去世，让薛涛与母亲的生活发生翻天覆地的变化，这一年，薛涛也就只有 14 岁。16 岁时，为了活下去，薛涛不得不加入乐籍。当时，乐籍可不是随随便便就能入的，像薛涛这种既符合

"容姿既丽"又"通音律，善辩慧，工诗赋"的才行。有颜有才，让薛涛在这里如鱼得水，大名鼎鼎的诗人们以及权贵都喜欢和她交往，如白居易、张籍、刘禹锡、杜牧以及韦皋等。

在大臣韦皋的一次宴会上，薛涛凭借一首《谒巫山庙》，不仅得到了韦皋的赏识，也大大提升了自己的知名度。韦皋在担任节度使的时候，还请薛涛帮忙处理一些案牍工作，她再一次凭借自己的才华征服了韦皋。

对韦皋来说，薛涛是难得的人才，就奏请皇帝授予她"校书郎"一职，让她负责公文撰写和典校藏书。不过，这个职位有比较高的门槛，最起码得是个进士，而且有史以来都是男子担任，所以因为条条框框，薛涛没有成为"校书郎"，但得了一个"女校书"的称呼。

一直被人捧着难免会有些骄傲，薛涛也是一样，时间久了，性子也高调了起来。许多想来韦皋这儿走后门的人，就找到了薛涛，他们送什么，她就收什么，不过她并非贪图人家的钱财，收了也全都上交了。虽说没有收进自己口袋，但却惹恼了韦皋，直接把她发配到了松州，就是今天的四川松潘县。

元和四年（809年）三月，元稹出使蜀地，特地约薛涛在梓州相见。这一见，就是一见钟情，怎奈情深缘浅难相守，两个人最终还是做回了陌生人。从此，一向喜欢红裙的她，开始穿起灰色的道袍。直到垂暮之时，她移居到碧鸡坊（今成都金丝街附近），筑起了一座吟诗楼，一个人孤独终老。

薛涛一生跌宕起伏，在文坛有一席之地，在带货圈也是大咖。

才艺展示：诗歌朗诵

作为才女诗人，怎么能不朗诵一首自己的诗歌呢？就来一首《酬人雨后玩竹》吧。

> 南天春雨时，那鉴雪霜姿。
> 众类亦云茂，虚心能自持。
> 多留晋贤醉，早伴舜妃悲。
> 晚岁君能赏，苍苍劲节奇。

这是薛涛酬答友人的一首诗，当时朋友雨后赏竹，兴致高昂，就写诗送给了薛涛，薛涛收到诗后，也回敬了一首。她通过竹林七贤和斑竹的典故，突出了竹子的意蕴。

带货清单：薛涛笺

薛涛与元稹还有一段爱情往事，也是被浪漫激发了灵感，她发明了"薛涛笺"。

当时，元稹与薛涛约在梓州相见，薛涛对他一见钟情，回家就写下了一首《池上双鸟》，"双栖绿池上，朝暮共飞还。更忆将雏日，同心莲叶间"，她整颗心都沦陷了。元稹与她形影不离，一起畅游蜀山青川。

在这三个月的时光中，两个人你侬我侬，让已到中年的薛涛找到了爱情的快乐。后来，元稹因为工作调动去了洛阳，两个人开始了异地恋。

对热恋中的人而言，分隔两地是最痛苦的，好在两个人还能以书信传情。薛涛完全是一副小女人的样子，沉浸在恋爱的喜悦中，写诗要足够浓情蜜意，写诗的信笺也要足够浪漫。

所以，她在信笺上没少费心思，在宋代《太平寰宇记》中，对制造工艺有相关记载："浣花溪在成都西郭外，……薛涛家其旁，以（百花）潭水造纸为十色笺。"《天工开物》则说："亦芙蓉皮为料煮糜，入芙蓉花末汁，或当时薛涛所指，遂留名至今。其美在色，不在质料也。"总体来说，薛涛特意改造了造纸工艺：第一步，要改变信纸的颜色，信纸要染成桃红色；第二步，要改变信纸的形状，不再是傻大傻大的样子，而是窄窄的。最终，精致的信笺就大功告成了。

因为是薛涛的原创设计，所以这种信笺被称为"薛涛笺"，或者"浣花笺"。暂且不说写了什么情话，单看信笺都在冒粉红色的泡泡，再加上情诗，简直直击对方心房。出现之后，直接成为爆款产品。

诗人们也纷纷用了起来,还将它写进了自己的诗里。李商隐曾有诗云"浣花笺纸桃花色,好好题诗咏玉钩";白居易也有诗云"斜行题粉壁,短卷写红笺";张元幹更是直接提到了"薛涛笺上楚妃吟。空凝睇,归去梦中寻",可谓诗人必备信笺。

慢慢地,爱写诗、不爱写诗的人,都喜欢上了薛涛笺。韦庄在《乞彩笺歌》中更是赞美说:"也知价重连城璧,一纸万金犹不惜。薛涛昨夜梦中来,殷勤劝向君边觅。"哪怕价值连城,花费万金也想要入手一份。

这就不仅仅是信笺了,可以说是艺术品了,直接卖断货都是基本操作,更神的是,一度被皇家垄断收藏。这是什么水平?简直可以封神了。卖断货的爆款不少,但是能被皇室相中的,确实寥寥无几。

人物采访笔记

大会组委会:薛小姐,您和元稹先生分手之后,有过联系吗?

薛涛:没有。既然分手了,还有联系的必要吗?

大会组委会:可是听说您把他当作真爱,难道就不想复合吗?

薛涛:我爱他的时候,他是天边的云,是耳边的风,是天地万物;我不爱他的时候,他就什么都不是。

大会组委会： 太帅了！您这样爽快的女性，真是值得学习！

薛涛： 在这里，我要告诉我的粉丝们，爱情这杯酒，虽说谁喝都得醉，但是总得有酒醒的时候！

大会组委会： Nice（令人愉快的）！

韦皋： 唐朝中期名臣、诗人。韦皋出镇蜀地二十一年，执行联合南诏、东蛮打击吐蕃的战略，保障了西南边陲的安定，又重启南方丝绸之路，推动了唐与南诏及南亚、东南亚各国的交流，"功烈为西南剧"，稗史甚至称他是诸葛亮转世。

《天工开物》： 此书是世界上第一部关于农业和手工业生产的综合性著作，有"中国17世纪的工艺百科全书"之称，作者是明代著名科学家宋应星。全书共三卷十八篇，收录了农业、手工业，诸如机械、砖瓦、陶瓷、硫黄、烛、纸、兵器、火药、纺织、染色、制盐、采煤、榨油等生产技术。

第四章

两宋元代爱直播

范仲淹：想象力带货第一人

大咖登记表

姓名：范仲淹

昵称：范文正

性别：男

主要成就：北宋知名词人，豪放派代表人物

微博名称：@岳阳楼推广大使（粉丝千万+）

抖音名称：岳阳楼欢迎您（粉丝千万+）

朋友圈个性签名：先天下之忧而忧，后天下之乐而乐

属性：文人

爱好：为百姓谋福利

出生年份：989年

逝世年份：1052年

话说范仲淹

范仲淹,单看这个名字就不明觉厉。他是北宋时期杰出的政治家、军事家、文学家和教育家,有着"先天下之忧而忧,后天下之乐而乐"的抱负。大佬范仲淹可谓文武兼备,朝堂之上是说一不二的权臣,疆场之上是运筹帷幄的将帅。为了让北宋的明天更美好,他领导了庆历革新运动,即便只存在了短短一年的时间,但为王安石的"熙宁变法"奠定了基础。

范仲淹多次因谏被贬谪,梅尧臣特意为他写了《灵乌赋》,劝他少说话、少管闲事,自己逍遥就行。结果,范仲淹回复说"宁鸣而死,不默而生",还是坚持为民请命。纵观他的一生,是一心传道授业的一生,是一心为国为民的一生,直到生命最后一刻,写就《遗表》,全然不言自己的点滴私事。

才艺展示:诗词朗诵

我的人生理想就是当一名一心为民的好官,我看大家这诗歌朗诵都整得挺好,巧的是,我平时的兴趣爱好就是写写诗词,我也朗诵一首自己的词吧——《渔家傲·秋思》,主要想抒发边关将士壮志难酬和思乡忧国的情怀,那我开始了:

塞下秋来风景异,衡阳雁去无留意。四面边声连角起,千嶂里,长烟落日孤城闭。

浊酒一杯家万里,燕然未勒归无计。羌管悠悠霜满地,人不寐,将军白发征夫泪。

带货清单:岳阳楼门票

范仲淹此次是作为岳阳楼宣传大使前来参会的,就是要让更多人去一览岳阳楼的风采。岳阳楼与黄鹤楼、滕王阁、鹳雀楼并称"四大名楼"。

"若夫淫雨霏霏,连月不开,阴风怒号,浊浪排空,日星隐曜,山岳潜形,商旅不行,樯倾楫摧,薄暮冥冥,虎啸猿啼。登斯楼也,则有去国怀乡,忧谗畏讥,满目萧然,感极而悲者矣。"在文中,范仲淹介绍了滕子京翻修岳阳楼的情况,之后绘声绘色地描写了岳阳楼的景致,寥寥数语,如梦似幻的岳阳楼就展现在了读者眼前。

你可能知道这是出自范仲淹的千古名篇《岳阳楼记》，但你可能不知道的是，范仲淹洋洋洒洒地写了这么多，留下这么多名句，但实际上，他压根就没去过岳阳楼，全靠好朋友滕子京给他的一幅画以及自身丰富的想象力！

你是不是震惊到说不出话来了？去都没去过，竟然还能写得如此细致。一篇美文直接让岳阳楼成为岳阳必逛景点。如果你去过岳阳却没去过岳阳楼，那你岳阳就算是白去了。为什么范仲淹明明没去过，却能饱含深情地写下《岳阳楼记》呢？这就要从范仲淹的好朋友滕子京说起。

当时，滕子京吃了个哑巴亏，有人诬陷他滥用公款，结果就被贬到了岳州。心情是苦涩的，但不影响他热爱生活，在对岳州有了一定的了解后，他开始重修岳阳楼。修完之后又觉得少点什么，他觉得"楼观非有文字称记者不为久，文字非出于雄才巨卿者不成著"，为了增加岳阳楼的热度，他找人画了一幅《洞庭晚秋图》，然后便寄给了范仲淹，拜托他根据这幅画写一篇推广文。

巧的是，范仲淹也被贬了，本就在河南闷闷不乐，收到好朋友的请求后，一下子激动起来，即便没有去过岳阳楼，也抵挡不住他的兴奋。就这样，旷世名作《岳阳楼记》诞生了，岳阳楼也随之成为经典景点。

后来，书法家苏舜钦书写了《岳阳楼记》，邵竦篆刻，加上前面的滕子京翻修和范仲淹撰文,被称为岳阳楼的"四绝"。大佬和大佬的合作,这影响力绝对是"顶流"级别。

范仲淹是有"私心"在的,"阴风怒号,浊浪排空"的悲怆,正是他的内心写照,同是郁郁不得志,范仲淹可能更苦,他目光所及,写下"满目萧然,感极而悲",可能就是这份孤独感、无力感,让人们为之动容,大声呼喊着"我一定要去岳阳楼看看"。

人物采访笔记

大会组委会:范先生,久闻大名,今天一见果然气度不凡。

范仲淹:这叫什么话,难道不见面就看不出我的不凡吗?

大会组委会:这个……眼见为实嘛。

范仲淹:还是太年轻,岳阳楼我见都没见过,这不照样写得如此逼真?

大会组委会:还得是您啊!

范仲淹:哪里哪里,就是随便写写。

大会组委会:嗯……(崇拜的眼神)

知识小课堂

庆历革新运动：在北宋仁宗庆历年间，官僚机构人浮于事，行政效率很低，同时因为辽和西夏的威胁，社会危机也日益严重，百姓处在水深火热之中。庆历三年（1043年），范仲淹、富弼、韩琦同时执政，欧阳修、蔡襄、王素、余靖同为谏官。范仲淹向仁宗上《答手诏条陈十事疏》，提出"明黜陟、抑侥幸、精贡举、择官长、均公田、厚农桑、修武备、减徭役、推恩信、重命令"等10项以整顿吏治为中心的改革意见，仁宗采纳了大部分意见，施行新政。

熙宁变法：也叫王安石变法，发生在宋神宗时期，是一场旨在改变北宋建国以来积贫积弱局面的政治改革运动。王安石变法以"理财""整军"为中心，涉及政治、经济、军事、社会、文化各个方面，是中国古代史上继商鞅变法之后又一次规模巨大的政治变革运动。

柳永:没有哪一位女孩可以抵挡住我的三首词

大咖登记表

姓名:柳永

昵称:柳七

性别:男

主要成就:北宋知名词人,婉约派代表人物

微博名称:@填词小能手(粉丝千万+)

抖音名称:为伊消得人憔悴(粉丝千万+)

朋友圈个性签名:你看到了我的风流,却看不穿我的真性情

属性:婉约派词人

爱好:创作慢词

出生年份:约984年

逝世年份:约1053年

话说柳永

柳永有个曾用名叫柳三变,后来才改名柳永,因为排行老七,所以也有人叫他柳七。作为宋词开宗立派的代表人物,他对宋词进行了全面革新,凭借"衣带渐宽终不悔,为伊消得人憔悴""执手相看泪眼,竟无语凝噎"等名句,稳坐婉约派头把交椅,就连苏轼大人都是他的迷弟。

据说柳永一家子都是能人,他的先祖有柳下惠、柳宗元、柳公权,无论哪一位都是名垂千古的角色。柳下惠"坐怀不乱"的故事,估计人人都知道,孔子都说他是"被遗落的贤人",孟子更是尊称他为"和圣"。柳宗元,"唐宋八大家"之一,文采斐然。柳公权,以楷书著称于世,自创独树一帜的"柳体",以骨力劲健见长,后世有"颜筋柳骨"的美誉,与欧阳询、颜真卿、赵孟頫并称"楷书四大家"。

柳永出身官宦世家,是个官三代,父亲对他也是怀有望子成龙的期待。在他十岁的时候,好歹还挺争气的,写下了名篇《劝学文》,直言"学,则庶人之子为公卿;不学,则公卿之子为庶人"。

原本他也是要走上仕途的,但他似乎缺少一些"考运",进京参加科举考试,去一次落榜一次,努力过了,但却没有好结果。幸好他心态不错,既然做不了官,那就干脆专心填词吧。谁知道人到暮年,倒是顺利及第,从睦州团练推官做到余杭县令,再到晓峰盐监,又到泗州判官等职,因为以屯田员外郎致仕,所以又称他为柳屯田。

才艺展示：诗词朗诵

作为婉约词人，今天自然不能错过这个展示自我的机会，我就给大家来一首由我作词的《雨霖铃》：

寒蝉凄切，对长亭晚，骤雨初歇。都门帐饮无绪，留恋处，兰舟催发。执手相看泪眼，竟无语凝噎。念去去，千里烟波，暮霭沉沉楚天阔。

多情自古伤离别，更那堪，冷落清秋节！今宵酒醒何处？杨柳岸，晓风残月。此去经年，应是良辰好景虚设。便纵有千种风情，更与何人说？

带货清单：词

如果在柳永之前加个身份，那一定是词人；如果要加个形容词，那一定是风流多情。他要推销的不是别的，正是自己所创作的词，而且多少带点"艳"的那种。

有人会说了，看着文质彬彬，就算是艳，能艳到哪里去？举个例子，比如《蝶恋花·凤栖梧》，他写道："蜀锦地衣丝步障。屈曲回廊，静夜闲寻访。玉砌雕阑新月上。朱扉半掩人相望。 旋暖熏炉温斗帐。玉树琼枝，迤逦相偎傍。酒力渐浓春思荡。鸳鸯绣被翻红浪。"这样的词在我们现在看来是不是有点艳呢？

类似的词还有不少，所以清代词人沈雄就说柳永的词"此词丽以淫，为妓作也"，可以说是直言不讳地骂他下流。李清照也是婉约派的代表人物，虽说同是一个调调，但也看不上柳永的词，说他是"辞语尘下"，用俗话来讲就是庸俗不雅，格调不高，就差直接说"我瞧不起你"了。

柳永之所以被这么多人鄙视，也不能全怪别人，主要是他经常为青楼这一类灰色企业带货——灰色企业经常指定柳永填词。由于柳永填的词一直是榜单第一，所以谁来了都得点唱一首。

为什么柳永填的词就如此受欢迎呢？当一首歌的曲调固定下来后，那么发挥空间就只剩下填词了，词的好坏直接决定了这首歌的传唱度。会填词的人不少，但能像柳永填得这么好的不多，他的词往往通俗易懂，朗朗上口，不用去费心理解，所以深受普罗大众的喜爱。在青楼寻欢作乐的人，要的就是简单的快乐，只要听见歌姬唱的是柳永的词，那反手就是十倍打赏，什么大飞机、大火箭，通通刷起来。

作为宋朝的顶尖作词人，他的词那也是一词难求，因为求他填词的人太多了。青楼与青楼之间竞争尤为激烈，甚至为了抢先让柳永填词，不惜动用武力。试想一下青楼女子打架，那不是一般的凶猛彪悍——你揪我头发，我就挠你脸，谁也别想好过。

娱乐场所就是贩卖快乐的，别人是为了去调剂调剂心情，释放释放压力，但柳永就不太一样了，对他而言，歌姬的美色并不能吸引他，他在青楼要的是真感情，所以歌姬们都知道，这人能处，有事他是真的会帮忙的。

大街小巷,都流传着柳永的词,甚至有人说"凡有井水饮处,即能歌柳词",而且不单单是老百姓喜欢,皇宫里的男男女女也是柳永的粉丝,尤其是皇帝宋仁宗,逢酒必有柳词助兴,要不然这酒便索然无味。后来,柳永自称"奉旨填词柳三变",这更从侧面表现了皇帝对偶像赤裸裸的崇拜了。

人物采访笔记

大会组委会:柳哥!我的偶像!我爱你!麻烦您给我签个名可以吗?

柳永:你好你好,好的好的,请平复一下心情哦。

大会组委会:我太喜欢您了!您的词真是天下无敌!您一出新歌,我就会把歌词抄下来!

柳永:哈哈哈,你这绝对是铁粉,来,必须给你签名。

大会组委会:不瞒您说,我之前追求一个小姐姐,给她写的情书就抄的您的歌词!

柳永:哈哈哈哈,那追到了吗?

大会组委会:这个……有点遗憾……

柳永:没关系,抄我今天新写的这首!

大会组委会:嗯嗯嗯!有您的鼓励,我充满了必胜的力量!

知识小课堂

宋词：宋代盛行的一种文学体裁，始于南朝梁代，形成于唐代而极盛于宋代。句子有长有短，便于歌唱。因是合乐的歌词，故又称曲子词、乐府、乐章、长短句、诗余、琴趣等。宋词的代表人物主要有苏轼、辛弃疾（豪放派代表词人），柳永、李清照（婉约派代表词人）。

婉约词：婉约词是一种配乐歌唱的新体诗，以温庭筠、柳永、李清照、周邦彦等词人为代表，他们的词在表情达意上一般崇尚含蓄婉转，充分发挥了词"专主情致"的特点。婉约词在取材方面，多写离别之绪、儿女之情，在表现手法上多采用含蓄蕴藉的方法将情绪予以表达，其风格是绮丽多姿的。

苏轼：举世无双的文化美食博主

大咖登记表

姓名：苏轼

昵称：东坡

性别：男

主要成就：北宋文学家、书法家、美食家、画家，历史治水名人等

微博名称：@东坡居士（粉丝千万+）

抖音名称：东坡居士（粉丝千万+）

朋友圈个性签名：人生如梦，一尊还酹江月

外号：坡仙

属性：治愈系、乐天派、吃货

爱好：烹饪

最大爱好：烹饪

一生爱好：烹饪

出生年份：1037 年

逝世年份：1101 年

众所周知，苏轼是北宋文豪，"唐宋八大家"之一，不管是诗、词、赋、散文，还是书法和绘画，都取得了极高的成就。纵观中国数千年的历史，苏轼可谓是站在巅峰的文学巨匠，用今天的话说，就是"顶流"。

他与他的父亲苏洵、弟弟苏辙皆以文学名世，世称"三苏"；与汉末"三曹父子"——曹操、曹丕、曹植齐名；且与唐代的韩愈、柳宗元和宋代的欧阳修、苏洵、苏辙、王安石、曾巩合称"唐宋八大家"；此外，还与黄庭坚、米芾、蔡襄并称为最能代表宋代书法成就的书法家，被世人称为"宋四家"。

苏轼一生命途多舛，难能可贵的是，他始终秉持"生活虐我千百遍，我待生活如初恋"的人生态度，哪怕遭遇乌台诗案后备受打击，仍然笑对人生。他也全靠自己的本事将颠沛流离过成了随遇而安。林语堂先生就评价他说："苏东坡是一个不可救药的乐天派，一个伟大的人道主义者，一个百姓的朋友，一个大文豪、大书法家、创新的画家、造酒实验家，一个工程师，一个假道学的憎恨者，一个瑜伽术修行者、佛教徒、巨儒政治家，一个皇帝的秘书、酒仙、心肠慈悲的法官，一个政治上的坚持己见者，一个月夜的漫步者，一个诗人，一个生性诙谐爱开玩笑的人。"

才艺展示：诗词朗诵

诗词朗诵我在行，平时写了不少诗词，此时此景，让我想起了那首《水调歌头·明月几时有》，也借此机会，向大家送上祝福，但愿人长久，千里共婵娟。请欣赏：

明月几时有，把酒问青天。不知天上宫阙，今夕是何年？我欲乘风归去，又恐琼楼玉宇，高处不胜寒。起舞弄清影，何似在人间！

转朱阁，低绮户，照无眠。不应有恨，何事长向别时圆？人有悲欢离合，月有阴晴圆缺，此事古难全。但愿人长久，千里共婵娟。

带货清单（1）：扇子

后人敬他、爱他，或许七分因才华，三分因人性——有智慧，又不失温柔敦厚。但你一定想不到，苏轼带起货来，也很让人喜爱，要是放到今天，那也肯定是位列 TOP 前十的级别，而且是那种不需要多言多语，就能让人心甘情愿买买买的带货达人。

故事还得从苏轼的工作说起。当时，苏轼在杭州担任通判一职，辅佐地方州郡长官处理政务，主要任务就是会同太守断官司，也是一个勤勤恳恳的打工人，就像是北宋王朝的一块砖，哪里需要往哪里搬。

一次，有个富有的商人递来一张诉状，状告别人拖欠他的钱。在苏轼的询问下，商人讲述了原委，原来是去年借了一笔钱给张二，约定三个月后还钱，然而一年过去了，张二还是没有还钱，商人家里都快揭不开锅了，不得已之下才来告状。苏轼提起精神，放下正在研究的菜谱，派人将张二带到公堂。苏轼一看，发现张二是一位瘦骨嶙峋的老人家，而且身上的衣服十分破旧，还没等审问，苏轼就上头了，开始同情这位老人家。

老人家也没藏着掖着，直接承认了欠钱不还的事，至于为什么不还，是有苦衷的。他不是不想还，而是实在没有偿还的能力。当初，张二借来钱之后是打算做扇子生意的，想着自己当老板总比打工有"钱"途啊！这一夜暴富的梦刚刚开始，结果扇子做好之后，天气却不给力,总是阴雨连绵,这么冷的天气,谁还会那么想不开来买扇子呢?做好的扇子卖不出去,就这么成了一堆废纸,别说没赚到钱,就连搭进去的本钱也收不回来了。总的来说,这是一个运气不太好的创业故事。

苏轼听后,就收不住了,他先是安慰老人家不要担心,又给老人家科普了一下抵押贷款的事。他出主意说,与其放在家里闲置,不如将扇子拿到衙门做抵押。老人家言听计从,但也不太确信苏轼能不能帮上忙,毕竟天气还不算热,扇子还是不太好卖。就这样,在将信将疑下,老人家拿了些扇子过来。

拿到扇子后,苏轼开始了他的带货之旅,而且办法简单粗暴,完全就是依靠个人IP。他先是叫人把扇子摆在桌子上,又叫人取来文房四宝,随后,他迈出了带货的关键一步——在扇子上画画、题字。尤其是苏轼之前在畅游西湖时,为那湖光山色折服,饮酒之余,神游万仞,大笔一挥,写就了传诵千古的《饮湖上初晴后雨》,诗云"水光潋滟晴方好,山色空蒙雨亦奇。欲把西湖比西子,淡妆浓抹总相宜",他将这首名作也写在了扇子上。

要知道,苏轼乃大名鼎鼎的文豪,他的墨宝一字难求,而现在,他将自己的作品附着在扇子上,这简直就是绝对的超值款。写好、画好之后,让老人家拿去卖,还特意嘱咐老人家一定要带上他的名字去吆喝。

扇子开卖之后,凭借苏轼的名号,不费吹灰之力,积压的扇子就卖完了。老人家不仅收回成本，还赚了一些钱，随后赶紧还清了债务。

苏轼这一招实在是高，将名人效应发挥得淋漓尽致，依靠自己的知名度来引人注意，让原本平平无奇的扇子摇身一变，成了稀世珍宝，轻松写意地完成了超高 CVR（转化率）。

在 20 世纪初，有一家美国公司，叫智威汤逊公司（J. Walter. Thompson），在给力士香皂制作的广告中使用了影星照片，由此拉开名人广告的序幕，这也成为重要的广告表现策略。这就是名人效应。作为具有极高知名度的苏轼，他是不知道自己引发的"名人效应"可比西方早了近千年，他都不需要亲自开口吆喝，而是随便写写画画，就让没有销路的扇子成了香饽饽。当时的苏轼，一定不知道什么叫"名人效应"，而后人在玩弄这些策略的时候，也不过是在玩些古人早就玩过的东西。

在大家看来，扇子不再仅仅是扇子，而是被贴上了苏轼的标签，其价值扶摇直上。买扇子的人，也都拥有一个共同的标签——苏轼铁粉，甚至不夸张地说，即便不是粉丝，买来再卖出，也能小赚一笔。

所以，苏轼带货，不服不行。如果说古代也有网络，那苏轼一定是神一般的存在，不敢说在带货圈呼风唤雨，那也得是一呼百应的人物。他如果轻声说句"买它"，那粉丝掏空口袋也会跟上的，宁可吃土，也不能错过苏轼的推荐啊！

带货清单（2）：东坡肉

苏东坡作为美食博主，自然少不了为美食带货，这一次，他推销的不是别人的产品，而是他自己独创的东坡肉。

宋朝元丰三年（1080年），苏东坡又被贬官了，没错，是又一次。虽说也是见过大风大浪的人了，但是难免也会心生烦闷，为了让坏心情快快走开，他一边四处观光名胜古迹，一边潜心研究美食。当然，他可不是单纯为了满足口腹之欲，而是为了打开黄州土猪肉的销量。

那个时候，猪肉在大家心目中就是"垃圾食品"，与牛羊肉比起来，猪肉简直不值一提，要不是日子实在过不下去了，估计没人会主动吃猪肉。这就让苏东坡动了心思，立志让猪肉从鄙视链的底端走到顶端。就这样，他在厨房里一遍又一遍地调整调料和烹饪方法，直到有一天，猪肉在他的手中化腐朽为神奇。

想要卖得好，广告词就得写得好，这可难不倒大文豪苏东坡，挥笔就是一首《猪肉颂》："净洗铛，少著水，柴头罨烟焰不起。待他自熟莫催他，火候足时他自美。黄州好猪肉，价贱如泥土。贵者不肯吃，贫者不解煮，早晨起来打两碗，饱得自家君莫管。"

光是吹牛不行，还得引导消费者去实践，所以在这首小词中，简明扼要地介绍了烹饪方法，即轻松三步。第一步，你得准备一个洗干净的锅；第二步，你得放上些水；第三步，烧上柴火。他还给了小贴士,火不能太旺了,得控制好火候,最好是没有火苗的虚火,就这样慢慢煨炖,不要急于求成,要耐住性子,在炖肉上多花些时间一定是值得的。

就像苏东坡说的那样,他早上就会吃上两碗,香喷喷的,肥而不腻,太满足了。在他的引领下,猪肉果真一飞冲天,成为黄州人餐桌上的一道美味佳肴,后来推广至全国,东坡肉由此走向了更广阔的市场。

带货清单(3):馓子

苏东坡带货是很注重打广告的,毕竟酒香也怕巷子深,好东西还是需要广而告之。

他被贬到海南岛的时候,偶遇一个卖馓子[1]的老妇人,晃晃悠悠一整天了,就是卖不出去,可把老妇人愁坏了。他了解情况之后,立马对产品进行了一顿分析,又仔细琢磨了受众,随即就写了一首广告诗:"纤手搓来玉色匀,碧油煎出嫩黄深。夜来春睡知轻重,压扁佳人缠臂金。"你瞧,在你面前的已经不是无人问津的馓子了,它匀细、色鲜、酥脆,此生不尝一口都是你的遗憾。

---

[1] 馓子,是一种油炸食品,又称食馓、捻具、寒具、麻物子等,香脆精美。春秋战国时期,寒食节禁火时食用的"寒具"即为馓子。北方馓子以麦面为主料,南方馓子多以米面为主料。

苏东坡叮嘱老妇人直接贴到门上，就这样，有了大师的一篇广告文，老妇人的馓子变成了"网红"打卡美食，销量倍增，一家人靠着卖馓子把日子过得红红火火。

人物采访笔记

大会组委会：苏先生，您好，听说您最近带货的成绩斐然，不知道能否向我们传授一些经验？

苏轼：嘿嘿，也没啥，就是需要名气。

大会组委会：那除了名气呢？

苏轼：还是名气。

大会组委会：……

苏轼：别停，你接着问。

大会组委会：啊，那除了名气就不需要别的了吗？

苏轼：有名气就足够了。

大会组委会：采访是不是该结束了……

苏轼：没问题我就走了，家里还等我做饭呢。

大会组委会：好好好，苏先生您忙。

苏轼：拜拜！

知识小课堂

乌台诗案：乌台诗案发生于元丰二年（1079年），御史何正臣等上表弹劾苏轼，奏苏轼移知湖州到任后，在谢恩的上表中，用语暗藏讥刺朝政，随后又牵连出大量苏轼的诗文为证。这起案件先由监察御史告发，后在御史台狱受审。据《汉书·薛宣朱博传》记载，御史台中有柏树，野乌鸦数千栖居其上，故称御史台为"乌台"，亦称"柏台"。"乌台诗案"由此得名。

唐宋八大家：又称为"唐宋散文八大家"，是唐代和宋代八位散文家的合称，分别为唐代韩愈、柳宗元和宋代欧阳修、苏洵、苏轼、苏辙、王安石、曾巩八位。其中韩愈、柳宗元是唐代古文运动的领袖，欧阳修、三苏（苏洵、苏轼、苏辙）等四人是宋代古文运动的核心人物，王安石、曾巩是临川文学的代表人物。他们在自己的时代掀起古文革新浪潮，诗文从而得到焕然一新的发展。

宋徽宗：书画班报我的就对了

大咖登记表

姓名：赵佶

昵称：天下第一器物王

性别：男

主要成就：剿灭方腊农民起义；创立"瘦金体"等

微博名称：@最文艺的帝王（粉丝千万+）

抖音名称：最文艺的帝王（粉丝千万+）

朋友圈个性签名：前半生浪漫闲适，后半生风雨飘摇

属性：文艺范儿

爱好：热爱一切美好的事物

出生年份：1082年

逝世年份：1135年

话说宋徽宗

在没有成为皇帝之前,赵佶是人人称羡的超级富二代,贵为王爷,吃穿用度自然不是一般人能比拟的,关键是有钱有闲,不用上班,大把的时间用来消遣就行了。

他热爱艺术,又有着极高的天赋,如果一直只是个王爷的话,大概会是最幸福的人,可惜,他注定有个皇帝命。宋哲宗死之前也没有留下个儿子,无可奈何之下,赵佶被当作工具人一样送上了皇位。他得知自己要当皇帝的前一刻,还在跟朋友们踢足球,就这么稀里糊涂地成了一代君王。

宋徽宗可能是一位卓越的艺术家,但不是一个好皇帝。为了自己的兴趣爱好,他劳民伤财,近20年的折腾让百姓苦不堪言,宋江起义、方腊起义,各地起义接连不断,大宋的元气几乎被消耗殆尽。

靖康元年,金兵犯边,汴梁告急,宋徽宗一看形势不妙,不想当皇帝了,直接把皇位传给了儿子赵桓,也就是宋钦宗。第二年,金人直接攻破汴梁城,把赵佶和赵桓给掳走了,后宫的女眷们也多是惨遭虐待,着实一个大写的"惨"字。

才艺展示:书画才艺

都说我是一个不务正业的君主,确实,我除了不爱当皇帝,对其他事情都挺感兴趣，但凡觉得有意思的事情，我都会倾尽全力。我看在座的各位都很擅长写诗作画，你们的才华让我十分羡慕，我也想展示一下我的书法——《棣棠花》，请大家欣赏。

带货清单：书画班

宋徽宗的前半生平安顺遂，生活一派祥和，这都得益于澶渊之盟。登基之后，他也是想做些实事的，就取消了派别之争，给那些在变法中被迫害的人重新施展抱负的机会，这就包括蔡京等人。他在上任之后立刻颁布新政，也确实收获了一波赞美——"徽宗之初政，粲然可观"。

要说搞政治，其实不是宋徽宗的强项，但是论搞艺术，宋徽宗可以说是首屈一指的。

有一天，都城汴京上空出现了一大奇观，云气飘浮，群鹤飞鸣。后来,有两只鹤飞累了,就落在宣德门左右两个高大的鸱吻之上休息。这把宋徽宗高兴坏了,在他看来,这可不是一般的景色,而是国运兴盛之兆,他赶紧拿笔画了下来,也就有了后来的传世之作——《瑞鹤图》。

宋徽宗爱画画,光自己画怎么过瘾?他直接开辟了书画院,从此,宋朝有了自己的官方艺术高校。他也没闲着,亲自任教,当时只有17岁的王希孟在他的指点下画出了名画《千里江山图》。名师出高徒,何况这位名师还是当朝至高无上的皇帝,他要是办一个兴趣班,估计全宋朝的家长就算挤破脑袋也要把孩子往里送,这就是带货的最高境界了吧!

除了画画,宋徽宗也爱好书法。他这个人着实是很有天赋的,从临摹开始,本想着简简单单地模仿一下,结果一不小心就超越了,形成了专属于宋徽宗的独特风格——瘦金体。宋徽宗似乎是在用每一个笔画向外界彰显自己的个性。

遵循爱屋及乌的原则,宋徽宗格外赏识能写一手好字的蔡京,当然,这位八十多岁的老臣也很懂皇帝的心思,时不时就劝他享受生活,说什么皇帝就不该被束缚。宋徽宗是一字不落地记在了心里。

爱画画,就创办高等学府;爱写字,就独创自己的字体;爱鸟,就专门修建宫殿,给他的小鸟们一个温暖舒适的家。前面两个爱好还不错,也算是有一番成就,但是爱鸟就修宫殿这件事,直接惹怒了许多大臣,开始批评他玩物丧志。面对大臣的群起而攻,宋徽宗微微一笑,毫不在意。

紧接着,就是更加疯狂的举动。想看山看水,但汴梁地处华北平原,没山没水怎么办?宋徽宗想都没想,脱口而出——汴梁没有山,那就造山!随后,皇家园林"艮岳"就轰轰烈烈地动工了。

"艮岳"的定位非常清晰明确,未来这将是一座主打山水的园林。既然是造山,那就需要石头,就这样,"瘦漏皱透"的太湖石被选中了,但老百姓却遭殃了。一块大的太湖石有三四丈之高,四五吨之重,在没有机械设备的助力下,全靠人力往船上运。千辛万苦搬到船上之后,在运输的过程中,但凡遇到桥梁、闸门一律拆除,要不然运石头的船过不去,这一拆一建又是劳民伤财的事。

整到后来,太湖石都不够用了,为了讨皇上欢心,有人又提出在全国搜罗怪石,史称"花石纲",百姓遇上这样的皇帝也是倒霉。元朝宰相脱脱感叹道:"宋徽宗诸事皆能,独不能为君耳!"翻译过来就是,宋徽宗干啥都能成事,就是不能当皇帝。

确实,除了当皇帝,他在文艺方面还是挺有天赋的,甚至比专业的还厉害,要是他直播教画画和书法,估计直播间也会给挤爆了。

人物采访笔记

大会组委会:徽宗您好,粉丝们都很好奇,在您心目中,哪一幅画可以算得上是世界第一呢?

宋徽宗：要我说啊，在我心目中，王希孟的《千里江山图》算第一。

大会组委会：哈哈哈，粉丝还猜测您会觉得自己的画是第一呢。

宋徽宗：我有这么不谦虚吗？

大会组委会：这倒没有。那为什么《千里江山图》是第一呢？

宋徽宗：因为小王是在我的指导下画出来的，与有荣焉！

大会组委会：哈哈……（看来还是不谦虚啊）

知识小课堂

澶渊之盟：澶渊之盟是北宋和辽国在经过二十五年的战争后缔结的盟约。此后，宋辽两国百年间不再有大规模的战事，礼尚往来，通使殷勤，双方互使共达三百八十次之多。辽国边地发生饥荒，宋朝也会派人在边境赈济，宋真宗崩逝消息传来，辽圣宗也"集蕃汉大臣举哀，后妃以下皆为沾涕"。

靖康之难：指靖康二年（金天会五年，1127年）金军南下攻取北宋首都东京，掳走徽、钦二帝，导致北宋灭亡的历史事件，又称靖康之乱、靖康之祸。

陆游：做猫奴的快乐你懂吗

大咖登记表

姓名：陆游

昵称：放翁

性别：男

主要成就：爱国诗人、知名文学家

微博名称：@老陆的幸福生活（粉丝千万+）

抖音名称：老陆的幸福生活（粉丝千万+）

朋友圈个性签名：有猫，就是人生赢家

属性：猫奴、吃货

爱好：撸猫、烹饪

出生年份：1125年

逝世年份：1210年

话说陆游

陆游,一位"六十年间万首诗"的大诗人,纵观中国文学史,在高产排行榜上,也是名列前茅的。他的诗,既有李白的雄奇奔放,又有杜甫的沉郁悲凉,大概是因为生逢北宋灭亡之际,对国家沉浮感触颇深,所以每一首诗都饱含爱国之情。可惜,因为秦桧从中作梗,他的仕途充满坎坷。就是这样一位看起来格外深沉的大诗人,还是一个名副其实的猫奴;同时,对美食也颇有研究,不仅会吃还会做。要说反差萌,陆游绝对是让你最意想不到的一个。

才艺展示:诗词朗诵

本来想带我们家猫猫来给大家进行才艺展示,但它们更愿意在家睡大觉,所以今天就由我来朗诵一首诗词吧。这首词对我来说意义非凡,是写给我原配夫人的,我们本来彼此珍爱,可惜被迫分开,后来在禹迹寺南沈园偶然相遇,我这颗沉寂已久的心又躁动起来。请大家欣赏——《钗头凤·红酥手》:

红酥手,黄縢酒,满城春色宫墙柳。东风恶,欢情薄。一怀愁绪,几年离索。错、错、错。

春如旧,人空瘦,泪痕红浥鲛绡透。桃花落,闲池阁。山盟虽在，锦书难托。莫、莫、莫！

带货清单（1）：喵星人

何为人生赢家？大概是猫狗双全吧。

陆游忧国忧民，时常沉浸在家国情怀之中，惦念国家和百姓，只有撸猫时才能够让他彻底放松。

在《礼记》中，有关于猫的较早记录，"腊日迎猫以食田鼠，谓迎猫之神而祭之"，每年腊月老百姓是要举办迎猫祭天仪式的，猫主子在那时候就风光无限，是高高在上的猫神。之所以登上神位，主要在于猫是可以捕捉田鼠的，这个工种比较重要，老百姓的收成好坏就要看猫神给不给力了。

农民需要猫，读书人也非常需要它。这就又要说起老鼠来了，这个小家伙走到哪儿都被讨厌，谁让它爱啃东西呢，好端端的书都被啃坏了，为了保护自己的爱书，拥有一只猫就特别重要了。宋朝时，猫就成了主子了，大家沉溺在养猫、撸猫的乐趣中难以自拔。吴自牧《梦粱录》记载："凡宅舍养马，则每日有人供草料。养犬，则供饧糠。养猫，则供鱼鳅。养鱼，则供虮虾儿。"

在一众猫奴中，陆游是佼佼者。

但凡上过学的人，估计都忘不了他的那首"僵卧孤村不自哀，尚思为国戍轮台。夜阑卧听风吹雨，铁马冰河入梦来"，那个身着戎装、骑着战马与敌人厮杀的战士形象,一下子就把读者带到了疆场之上。但是,就在同一首诗之中,还有"风卷江湖雨暗村,四山声作海涛翻。溪柴火软蛮毡暖,我与狸奴不出门",就在雷电交加的时候,他变身快乐的宅男,裹着毯子,慵懒地烤着火,最幸福的是还撸着猫,前后一对比,简直两种情绪、两种人生。

为了号召大家一起撸猫,陆游可是煞费苦心,一支笔就没闲着,先后为猫咪写了许多首诗,包括《嘲畜猫》《赠猫》《得猫于近村以雪儿名之戏为作诗》《赠粉鼻》《鼠屡败吾书偶得狸奴捕杀无虚日群鼠几空为赋此诗》等。在他的笔下,猫咪极尽可爱,"似虎能缘木,如驹不伏辕。但知空鼠穴,无意为鱼餐",说猫咪爱爬树、爱捉老鼠,吃得少还爱干活。

坐听雨声时,陆游会说:"我老苦寂寞,谁与娱晨暮?狸奴共茵席,鹿麂随杖屦。"寂寞是什么东西?我可没有,因为我有猫咪陪着我。他为自己的爱猫起了名字,分别是小於菟、雪儿和粉鼻,在他眼中,它们是会陪伴他一生一世的。

带货清单(2):薏米粥

陆游是一个爱吃川菜的绍兴人,而且是一位很懂养生的人,而他卖力推荐的薏米粥,是非常值得加入购物车的。

在《冬夜与溥庵主说川食戏作》中,他写道:"唐安薏米白如玉,汉嘉栮脯美胜肉。大巢初生蚕正浴,小巢渐老麦米熟。龙鹤作羹香出釜,木鱼瀹葅子盈腹。未论索饼与馈饭,最爱红糟并氽粥。东来坐阅七寒暑,未尝举箸忘吾蜀。何时一饱与子同,更煎土茗浮甘菊。"

陆游去世时,已经是85岁的老人了,在古代那算绝对的长寿。他的养生之道就在一碗养生薏米粥之中,"世人个个学长年,不悟长年在目前。我得宛丘平易法,只将食粥致神仙",简简单单一碗粥,便能让你轻轻松松延年益寿。

 人物采访笔记

大会组委会：陆大人,最近有没有新领回几只猫主子?

陆游：没有没有,现在家里有的主子们已经让我够卑微的了。

大会组委会：粉丝纷纷留言,希望您帮他们的猫主子起几个名字。

陆游：好啊,比如小白、小黄、小黑、小白黄、小黑白……

大会组委会：这个小白、小黄、小黑还好理解……这个小白黄、小黑白,怎么讲?

陆游：就是毛色既有白色又有黄色,既有黑色又有白色啊!

大会组委会：哦。挺别致(尴尬又不失礼貌的微笑)。

知识小课堂

秦桧：南宋初年宰相,主和派的代表人物。秦桧在南宋朝廷内属于主和派,奉行割地、称臣、纳贡的议和政策。第二次拜相期间,他极力贬斥抗金将士,阻止恢复国土;同时结纳私党,斥逐异己,屡兴大狱,是中国历史上著名的奸臣之一。

《梦粱录》：是宋代吴自牧所著的笔记,共二十卷,是一

本介绍南宋都城临安城市风貌的著作。

陆游与唐琬：陆唐两家都为官宦世家，早有相交，据说陆游曾经以一支精美的凤钗作为信物与唐琬定亲。唐琬比陆游小三岁，是一个貌美的才女。陆游与唐琬结婚后二人感情很好。不料唐琬与陆游浓情蜜意的爱情生活引起了陆母的不满，陆母认为唐琬使陆游耽于情爱，耽误了前程，并且进门一年未有孕，遂命令儿子休了唐琬。

陆游曾另筑别院来安置唐琬，但被其母察觉，又命陆游另娶王氏为妻。王氏婚后一年就生下一子，四年中共生三子。多年后，陆游去游览沈园，正巧遇到唐琬夫妇也在园中。唐琬征得丈夫赵士程同意，亲手向陆游敬酒一杯。陆游饮后，一说在家中，又说在沈园题下一词——《钗头凤》。

第五章

明清 KOL 的养成记

郑和：给你一站式海淘购物体验

大咖登记表

姓名：郑和

昵称：马三保

性别：男

主要成就：完成了15世纪初叶世界航海史上的空前壮举

微博名称：@中国航海一哥（粉丝千万+）

抖音名称：中国航海一哥（粉丝千万+）

朋友圈个性签名：七次穿越大洋去爱你

属性：航海家、外交家

爱好：海淘

出生年份：1371年（可能不准确）

逝世年份：1433年（可能不准确）

话说郑和

郑和，云南人，原本的名字叫马三保，后来之所以姓郑，是因为有战功，明成祖朱棣给他赐了姓，又因为他是太监的身份，被后世称为"三保太监"。对，没错，他是个太监。但与此同时，他也是明朝著名的航海家、外交家。

这个人真的不简单，小时候就透着一股子聪明劲儿，加上勤奋好学，注定就是要做出一番事业来的。当然，这跟家庭环境的影响是密不可分的，他的祖父和父亲都是伊斯兰教的信徒，曾经长途跋涉前往麦加朝圣，郑和自小就经常听他们提起破浪远航的那些事，这就让郑和也对远航充满了憧憬。

在郑和十一岁的时候，命运的大手一下子就把他打翻在地，而且狠狠摩擦。当时，朱元璋派傅友德和蓝玉远征云南，这两位兄弟可是太给力了，咔咔半年时间，就搞定了云南全境。就这样，郑和成了战俘，但这还不是最惨的，最致命的是被阉割了。开始他随傅友德的军队去了南京，入宫服役。后来，又被调入燕王府邸中服役。他遇到了当时的燕王朱棣，命运一下子又给了他一个甜枣。郑和被朱棣选中做了贴身侍卫，后来因在靖难之役中有功，朱棣又赐他姓"郑"，这就有了崭新的郑和。

郑和下西洋七次，不但打通了与海外各国的联系，还带了不少稀奇的宝贝回来，如长颈鹿、胡椒、燕窝等，可以说是妥妥的海淘带货达人了。

才艺展示：无

我是氛围组的，负责鼓掌欢呼，就不参与才艺展示了，谢谢大家。

带货清单（1）：长颈鹿

长颈鹿是怎么来的？就是郑和下西洋的时候带回来的！不过这里面还有一段美丽的误会。众所周知，麒麟是传说中的神兽，与"龙""凤""龟""貔貅"一起被称为五大瑞兽。郑和下西洋的时候，风风火火地将"麒麟"带了回来，实际上，此"麒麟"并非真正的麒麟。麻林国将它赠送给郑和的时候，说它叫作"基林"，大概是郑和不太懂对方的语言，所以才误以为是"麒麟"，其实就是长颈鹿。

当然啦，长颈鹿不适合家养，毕竟不是人人家里都有矿，能够养得起一只长颈鹿，还得是动物园这一类的客户，才会去下单长颈鹿。

带货清单（2）：胡椒

胡椒这种香料，做饭的时候可能不是顿顿都用得上，但是多多少少还得备一些。想当初在唐朝的时候，胡椒是达官贵人们才能吃得起、吃得上的东西，普通百姓想要来点儿胡椒，那就得砸锅卖铁才行了。多亏了郑和下西洋的时候，不仅带回来了胡椒，连同胡椒的种子也带了回来。有了种子，胡椒也就慢慢从奢侈品变成了日用品。

带货清单（3）：燕窝

燕窝，当之无愧的滋补佳品，比如想要永葆青春的女人们，每天把燕窝当饭吃，指望着能够美容养颜；正在孕期的准妈妈们，坚信每天吃燕窝的话，肚子里的宝宝会变得白白净净，抵抗力也会更强。

这就是燕窝，有钱人要吃，没钱的人想吃。郑和能把燕窝带回来，还得靠一次意外。他的船队来到一座小岛补给休息，看见有不寻常的燕子搭建的鸟窝，有好奇的船员摘下来尝了尝，不尝不知道，一尝吓一跳，据说吃过之后那人容光焕发。

千万不要以为普通的燕子窝就能当燕窝吃，个别的雨燕和金丝燕，它们分泌出来的唾液与其他物质相混合而成的巢穴才是真正的"燕窝"。

人物采访笔记

大会组委会：郑大人，好久不见，最近又去哪儿淘好东西了？

郑和：嘿嘿，这不准备去西洋遛遛吗？

大会组委会：张骞，您认识吗？

郑和：这不刚通过咱们带货大会认识的。

大会组委会：他是海淘，您也是海淘，您觉得谁的货更有吸引力？

郑和：你这问题太不地道了。

大会组委会：呵呵（尴尬又不失礼貌的微笑），我就随口一问。

郑和：我的更有吸引力，我也就随口一说。

大会组委会：哈哈（尴尬又不失礼貌的微笑），论机智，还得是您哪！

知识小课堂

西洋：如今泛指西方国家，多指欧洲、美国、加拿大、澳大利亚和新西兰。而在古代是中国人以中国为中心的一个地理概念。最早出现在五代，不同时代含义不尽相同。西洋概念与东洋、南洋等概念相对应。南洋指东南亚,东洋指日本。

傅友德:明朝开国名将,元末时期,参加红巾军起义。后率部归顺朱元璋,屡立战功,从偏裨升为大将,多次带兵大胜元军,平定甘肃、四川、贵州、云南,册封颍国公,加太子太师。

蓝玉:明朝开国名将。有胆有谋,勇敢善战,屡立战功。于捕鱼儿海大破北元军队,名震天下。

朱棣:明朝第三位皇帝,明太祖朱元璋第四子,建文帝朱允炆的叔父。在位二十二年(1402—1424年),年号"永乐"。建文帝即位后,厉行削藩,朱棣以奉天靖难为名,发动靖难之役,起兵攻打建文帝。于建文四年(1402年)攻破南京,即皇帝位。政治上,继续实行削藩政策,加强中央集权;改革官制机构,设置内阁和东厂;为加强对北方的控制,迁都北京。外交上,委派郑和下西洋,加强中外友好往来。文化上,修《永乐大典》。统治期间,经济繁荣,国力强盛,史称"永乐盛世"。

朱瞻基：跟我来体验斗蟋蟀的乐趣

大咖登记表

姓名：朱瞻基

昵称：促织①天子

性别：男

主要成就：平定朱高煦叛乱，形成"仁宣之治"的盛世，有很高的书画造诣

微博名称：@会玩的皇帝（粉丝百万+）

抖音名称：老朱聊促织（粉丝百万+）

朋友圈个性签名：该认真就认真，该玩乐就玩乐

属性：明朝最会玩的天子

爱好：吃喝玩乐

最大爱好：斗蛐蛐

---

① 促织，蟋蟀的别名。

出生年份：1399 年

逝世年份：1435 年

朱瞻基，他爷爷是明成祖朱棣，他爸爸是明仁宗朱高炽，他自己是明朝的第五位皇帝，年号"宣德"。除此之外，你肯定想不到，他还是书画家。从小，朱瞻基就向大家展现出了自己的天资聪颖，爷爷朱棣也格外喜欢这个孙子。

1425 年，明仁宗朱高炽去世，朱瞻基得到消息后赶紧从外面往家里赶。客观来说，朱瞻基在位十多年，能文能武，体恤民众，又能重用贤臣，他的一系列措施让社会经济得到了空前的发展，与明仁宗统治时期合称"仁宣之治"。总体来说，他是一位称职的好皇帝，也不枉被称为"好圣孙"。可惜的是，天妒英才，英年早逝，而且也没能给明朝培养出一个能挑大梁的继承者。

才艺展示：书画展

朱瞻基雅尚翰墨，尤其擅长画山水、人物、走兽、花鸟、草虫等，他在书画方面的造诣，可以与同样喜欢书画的宋徽宗相媲美，他的书法圆熟中透着遒劲，也算是自成一种风格。

带货清单：促织

朱瞻基是幸运的，他的爷爷和爸爸虽说是一国之君，但大部分时间都在工作，他就不一样了，虽说对工作也挺认真的，但也有大把的时间用来享受。

有空闲时间，有经济条件，又有旺盛的精力，加上他本身就喜欢追求新鲜刺激，所以，他就过上了快乐的生活。人们都说他是明朝最会玩的天子，确实，他爱踢足球，爱去郊外打猎，爱写书法，还爱画画。

他还有一个外号，叫促织皇帝。在《明朝小史》里有记载："帝酷好促织之戏，遣取之江南，其价腾贵，至十数金。"促织就是蟋蟀，这可是一个古老的物种，在地球上至少已经有1.4亿年的历史，蛐蛐就是蟋蟀的别称，除此之外，还有夜鸣虫、将军虫、秋虫等称呼。雄性蟋蟀之间会相互争斗，有人拿来观赏取乐，这就慢慢演变成斗蟋蟀的娱乐项目。

懂行的人能通过它们的长相来判断它们的实力。一般来说，好的蟋蟀无"四病"——仰头、卷须、练牙、踢腿；此外，外观颜色也是一项指标，简单来讲就是"白不如黑，黑不如赤，赤不如黄"。

朱瞻基疯狂地喜欢上了促织之戏，所以他就派人去江南四处找蟋蟀，在他的带动下，蟋蟀的价格越来越高，甚至买一只蟋蟀要花十多金，这可是一般老百姓难以理解的。

之所以去江南找蟋蟀，是因为江南的斗蟋蟀历史悠久，想要找到勇猛好斗的蟋蟀，自然不能错过江南。为了找到合心意的蟋蟀，当地的政府官员都得帮忙，找几只可不行，至少得找上千只。

在中国，早就有人以斗蟋蟀为乐了，但朱瞻基是最出名的那一个。他自己爱玩，也带着大臣们一起玩，经常给他们留作业，让他们去找上好的蟋蟀来跟他斗。皇帝带头玩，大臣们也就开始跟着玩，也是没办法，皇帝让你玩，你不玩的话，有没有想过后果？大臣们一开始玩，老百姓们也就开始跟着玩，一时间，斗蟋蟀成了明宣宗时期最受欢迎的民间娱乐活动。当时谁要说不会斗蟋蟀，那就真是有点儿不合群了。

当时，有一个人遇到了一只蟋蟀王，本来没钱买，但硬是用自己的骏马换了这只蟋蟀，兴高采烈地把蟋蟀带回家，还没等再出手换个好价钱，就被妻子不小心放走了。妻子也挺冤枉，就是想看一眼，谁知道蟋蟀就跑了。妻子左思右想，实在不知道该怎么办了，最终选择了结自己的性命。

由此看得出来，当时民间对蟋蟀的痴迷程度也着实不低。

朱瞻基是个好皇帝，但因为玩蟋蟀，劳民伤财的事情没少做，所以也没少挨骂。

《聊斋志异》里有一个名为《促织》的故事，"宣德间，宫中尚促织之戏，岁征民间。此物故非西产；有华阴令欲媚上官，以一头进，试使斗而才，因责常供。令以责之里正。市中游侠儿得佳者笼养之,昂其直,居为奇货。里胥猾黠,假此科敛丁口,每责一头,辄倾数家之产",讲述了一家人征缴促织的故事,他们的辛酸、不易被展现得淋漓尽致,也揭示了当时当权者横征暴敛的罪恶。

蟋蟀在朱瞻基眼中,可不是简简单单的蟋蟀,而是捧在手掌心的宝贝。老百姓一日三餐吃什么,朱瞻基不太清楚,但他的蟋蟀吃什么,他可是有明确的要求,要吃饱,还得吃好。

斗蟋蟀的时候,朱瞻基完全忘记了自己的皇帝身份,三十多岁的男人,沉浸在斗蟋蟀的快乐中,不时哈哈大笑,不时蹦蹦跳跳,秒变十三岁的少年。或许正是这份热爱,让蟋蟀走进寻常百姓家,当然,皇帝这层特殊身份也是他带货的助力,皇帝的喜好就是风向标,轻松打造爆款。

人物采访笔记

大会组委会:大佬您好,都知道您非常喜爱斗蟋蟀,那您能给我们科普一个小常识吗?

朱瞻基:好啊,你说。

大会组委会:蟋蟀是怎么发出声音来的呢?

朱瞻基:这个问题不难,我简单介绍一下,蟋蟀发出声音,主要是利用翅膀与大腿之间的相互摩擦。它们发出的声音是有节奏的,而且异常响亮,有时候是它们在向同性发出警告,有时候则是向雌蟋蟀发出求偶的信号。

大会组委会：原来如此，今天真是涨姿势（长知识）啦！

朱瞻基：姿势？姿势是啥？

大会组委会：这个……就是……总之就是万分感谢！

知识小课堂

朱高炽：明仁宗朱高炽（1378年8月16日—1425年5月29日），明成祖朱棣长子，生母仁孝文皇后徐氏。明朝第四位皇帝，年号洪熙。洪熙元年（1425年）五月，朱高炽病入膏肓，不久后离世，并传位长子朱瞻基。

仁宣之治：在明仁宗朱高炽和明宣宗朱瞻基的共同努力下，通过一系列的息兵养民政策，国家得以出现空前繁盛的局面，与永乐盛世和宣德时的太平盛世合称为"永宣盛世"。

郑板桥：爱竹子的人运气都不会太差

大咖登记表

姓名：郑燮

昵称：板桥先生

性别：男

主要成就："扬州八怪"代表人物，诗书画世称"三绝"

微博名称：@爱竹子的老郑（粉丝千万+）

抖音名称：爱竹子的老郑（粉丝千万+）

朋友圈个性签名：四时不谢之兰，百节长青之竹，万古不败之石，千秋不变之人

属性：竹子发烧友

爱好：画竹子

出生年份：1693年

逝世年份：1766年

话说郑板桥

郑板桥，是江苏兴化人，在他很小的时候，亲生母亲因为疾病永远地离开了他，十四岁的时候，继母又去世了。他直到二十三岁的时候才娶妻生子（在那时妥妥的晚婚晚育），原本生活慢慢安稳了下来，但在他三十岁的时候，父亲又去世了。亲人接连离世，让他的生活陷入了绝境，然而命运对他实在太残忍了，在他三十九岁的时候，妻子也去世了。

郑板桥前半生饱受亲人离世之苦，后半生才稍有转折。他二十岁中了秀才，四十岁中了举人，四十三岁又中了进士，一辈子没做过什么大官，只做过山东范县、潍县的知县，但名声很不错。一心为民的郑板桥，最终因为难以忍受腐败的朝廷而选择辞官回乡。

知县只是他的一个身份，他的另一个身份则是卓越的艺术家，尤其是在绘画、书法、篆刻方面，这也让他在中国艺术史上有了一席之地。

才艺展示：诗词朗诵

我是一名画家，最爱的就是画竹子，竹子在我眼中是有生命的，但我的才艺展示就不画竹子了，有点儿麻烦，而且一时半会儿也画不完，我就给大家朗诵诗词吧。我自己写的《满江红·思家》：

我梦扬州，便想到扬州梦我。第一是隋堤绿柳，不堪烟锁。潮打三更瓜步月，雨荒十里红桥火。更红鲜冷淡不成圆，樱桃颗。

何日向，江村躲；何日上，江楼卧。有诗人某某，酒人个个。花径不无新点缀，沙鸥颇有闲功课。将白头供作折腰人，将毋左。

带货清单：竹子

或许是因为困顿的人生，让郑板桥对长在石头缝里的竹子一往情深，一个是身世坎坷，历经百般磨难，一个是日日面对艰难险阻，但同样是不屈不挠。可以说，郑板桥拥有一颗大心脏，要是换个人来体验他的人生，或许早就抑郁了。

郑板桥的绘画有着独特的风格，是专属于他的style（风格）。在他的笔下，有竹、兰、石、梅、松、菊等，在他心目中，"四时不谢之兰、百节长青之竹、万古不败之石"是他的最爱，而他自己要做"千秋不变之人"。他立志做一个坚韧不拔、顽强不屈的人，打磨自己的"倔强不驯之气"。

郑板桥有多爱竹子呢？从他的诗里就能看出来。他说，"惟有竹枝浑不怕，挺然相斗一千场"，狂风算什么？竹子照样挺身而出，就是要和你斗一斗！他说，"千磨万击还坚劲，任尔东西南北风"，成千上万次的折磨和打击又如何？就是不怕，就是要顽强地活着！啊，对竹子说不尽那赞美的话啊！

与其他人的竹子不同，他的竹子"神似坡公，多不乱，少不疏，脱尽时习，秀劲绝伦"，能达到这个境界，绝对兼具天赋与刻苦——只努力没天赋不行，只有天赋但不刻苦也不行。

用他自己的话来说，就是"四十年来画竹枝，日间挥写夜间思。冗繁削尽留清瘦，画到生时是熟时"，年少的时候，在屋旁就有一片竹子，他会将白纸糊在窗上，当日光与月光将竹影映射到白纸上时，就成了自然的艺术品。

在平日练习时，他会格外注重观察，所以才达到了"眼中之竹""胸中之竹""手中之竹"的境界。

竹子要怎么画才好呢？郑老师有话要说，"不特为竹写神，亦为竹写生，瘦劲孤高，是其神也；豪迈凌云，是其生也；依于石而不囿于石，是其节也；落于色相而不滞于梗概，是其品也"，这

就多少有点儿拟人的手法了，想画得生动就要把它当作生动有神的人。

有一个故事可以证明郑板桥画的竹子有多么传神。有一次，朋友邀请他来家中做客，娱乐项目自然就是画画了。朋友把自己的儿子叫过来，让他帮郑板桥磨墨，孩子也挺听话，赶紧把墨汁端上来。郑板桥看着端来的墨汁，不由得嫌少，心想"这哪够我用的啊"，于是让朋友儿子去多准备一些。要说这孩子也挺聪明，直接拎来了一桶，孩子心里也想啊，"我不信这一桶还不够你用"。

工具全部到位之后，郑板桥直接用手蘸了些墨汁，二话不说就往墙上画。朋友看他画得挺尽兴，也没敢问，只能心里犯嘀咕：这人怎么这样啊，请他来家里画画，咋还直接画墙上了？这货是不是来搞破坏的？按理说不应该啊，没仇没怨的……

对于朋友的暗自生气，郑板桥是一点儿也没注意到，画完还暗自赞叹自己画得好呢。所以，朋友没有问，郑板桥也没有解释，就这样开开心心地回家了。

直到有一天，这位朋友的另一位朋友来家里做客，看到墙上的画后大为惊叹，说这幅画绝对出自大师之手。朋友问他咋看出来的。另一位朋友反问他："最近没发生什么怪事吗？"

朋友一听，仔细琢磨了一下，确实想起来一件怪事，就是之前有一夜电闪雷鸣，后来发现墙下死了不少麻雀。原来，这片竹林画得太好了，麻雀还以为是真的竹林，本来是想来避雨的，结果被骗了，撞死在墙上。这一番分析下来，这位朋友一愣一愣的，幸好当时没有责怪郑板桥。

这就是郑板桥的魅力，在他笔下，竹子是有着鲜活生命力的，不畏严寒酷暑，不畏风吹雨打，挺直身板迎接每一次挑战。

 **人物采访笔记**

大会组委会：郑老师您好，和热爱您的粉丝打个招呼吧。

郑板桥：大家好，我是郑板桥。

大会组委会：在您的推荐下，不少人都开始爱上竹子了，您最近又出新画作了吗？

郑板桥：我每天都在画，白天画，晚上做梦也在画。

大会组委会：那您要注意休息啊。

郑板桥：哈哈，我喜欢与竹子相伴相守的时光，有竹子我就兴奋。

"扬州八怪"：在清康熙中期至乾隆末年，对扬州地区活跃着的一批风格相近的书画家总称为"扬州画派"。这些

书画家之中，以金农、郑燮、黄慎、李鱓、李方膺、汪士慎、罗聘、高翔这八个人比较有名。他们多数出身贫苦，过着清苦的日子，但性格清高狂放，通过书画来抒发心胸志向，表达真情实感。又因这八个人的书画风格与一般人的风格截然不同，所以被称作"扬州八怪"。

清代诗人张维屏在《松轩随笔》中写道："板桥大令有三绝：曰画、曰诗、曰书。三绝之中有三真：曰真气、曰真意、曰真趣。"

张维屏：字子树，号南山，是清代官员、爱国诗人。因为酷爱松，又号松心子，晚年也自署珠海老渔、唱霞渔者，广东番禺人。

乾隆：旅行博主带你嗨翻天

大咖登记表

姓名：爱新觉罗·弘历

昵称：乾隆

性别：男

主要成就：平定准部、回部；反击廓尔喀；《四库全书》编撰

微博名称：@忆江南（粉丝千万+）

抖音名称：忆江南（粉丝千万+）

朋友圈个性签名：不会旅游的诗人不是好皇帝

属性：霸道总裁

爱好：旅游

出生年份：1711年

逝世年份：1799年

话说乾隆

有些人评价乾隆，说他是个败家子，其实这是非常不负责任的说法。乾隆这个皇帝还是可圈可点的，他继承了康熙的仁政，积极发展农业，让大量的荒地成为良田；积极发展商业，制定了一系列的恤商政策。总体来说，在他的努力下，清朝达到了"康乾盛世"的顶峰。哪怕是积极对外用兵，又大兴工程，但国库存银却一年比一年多，说他是一位明君，他是完全值得的。

乾隆热爱工作的同时，也是一个儒雅风流的人，爱旅游，爱吟诗，爱吃，爱笑。他留下的诗作多达四万二千余首，他还在全国范围内征集图书，编纂成《四库全书》，给后世留下了宝贵的文化财富。

才艺展示：诗歌朗诵

我是个皇帝，掌管整个天下，同时，我也是位旅行博主，就爱四处走走看看，要是兴致来了，也会随手写诗。才艺确实没有，但是可以给大家朗诵一首诗助助兴，是我自己写的《观采茶作歌》：

前日采茶我不喜，率缘供览官经理；

今日采茶我爱观，吴民生计勤自然。

云栖取近跋山路，都非吏备清跸处；

无事回避出采茶，相将男妇实劳劬。

嫩英新芽细拨挑，趁忙谷雨临明朝；

雨前价贵雨后贱，民艰触目陈鸣镳。

由来贵诚不贵伪，嗟哉老幼赴时意；

敝衣粝食曾不敷，龙团凤饼真无味。

带货清单：龙井

世界那么大，想出去看看的不只有普通老百姓，还有日理万机的乾隆皇帝。江南就是他心之向往的地方，六下江南，走遍了那里的每一个角落，吃遍了那里的每一样美食，当然，他也没有只顾着自己享受，也在不遗余力地带货。

让乾隆心心念念的美味太多了，如平桥豆腐、文思豆腐、秦园小笼包、车轮饼、赖月月饼……以皇帝的品位来说，他都说不错的东西，老百姓哪有不信的？加上拍马屁的大批官员，所以他推荐一款就爆一款。

有一年，乾隆来到杭州，在盛产西湖龙井的狮峰山下，可能是身处诗情画意之中来了兴致，非要跟人家学采茶不可。还没学出什么名堂，传来太后身体不舒服的消息，乾隆来不及挥手道别就急匆匆地赶了回去。回家后，却闻到了隐隐约约的清香，原来是他当时一着急顺手将采摘下来的茶叶放进了口袋，发现的时候叶子已经变成了干茶叶，泡完之后，一下子就为他打开了茶叶新世界的大门。

衡量一个人是不是真的喜欢一个东西，就看他愿不愿意为其花费时间和金钱。乾隆喜欢茶叶，就御笔一挥，为杭州龙井的18棵茶树题名为"御茶"。这还不算完，还得为它写诗——"龙井新茶龙井泉，一家风味称烹煎"，如果说之前有人对西湖龙井爱答不理，那么现在可是一茶难求。

话说回来，西湖龙井有着悠久的历史，早在唐代的时候，茶圣陆羽撰写了世界上第一部茶叶专著《茶经》，其中就有杭州天竺、灵隐二寺产茶的记载。西湖龙井始于宋，闻于元，扬于明，盛于清。如今，西湖龙井作为中国十大名茶之一，乾隆卖力气地带货功不可没。

乾隆第一次去天竺寺观看采茶，写下"地炉文火徐徐添，乾釜柔风旋旋炒。慢炒细焙有次第，辛苦工夫殊不少"，细致地记录了炒茶的功夫；第二次去杭州，动情地写下"前日采茶我不喜，率缘供览官经理；今日采茶我爱观，吴民生计勤自然。云栖取近跋山路，都非吏备清跸处；无事回避出采茶，相将男妇实劳劬"，他看到了茶农的艰辛，不由得有感而发；第三次，他尝到了由龙井泉水烹煎的龙井茶，赞叹说"龙井新茶龙井泉，一家风味称烹煎。寸芽出自烂石上，时节焙成谷雨前。何必凤团夸御茗，聊因雀舌润心莲。呼之欲出辨才在，笑我依然文字禅"，纯纯的意犹未尽；第四次，又是一轮发自肺腑的感叹，"清跸重听龙井泉，明将归辔启华旈。问山得路宜晴后，汲水烹茶正雨前……"

西湖龙井之所以能够被乾隆偏爱，自然是不简单。它的外形扁平挺秀，色泽绿翠，有着清香味醇的特质，素来以"色绿、香郁、味甘、形美"四绝著称。清明节之前采制的龙井茶，被称为明前龙井，美称女儿红——"院外风荷西子笑，明前龙井女儿红"。

常说乾隆喜欢忆江南，实际上，他也爱忆西湖的龙井。他的小黄车里第一号商品就是西湖龙井呢！

人物采访笔记

大会组委会：大佬您好，我去江南之前，都是看的您的旅游攻略。

乾隆：哦？按我的攻略玩得怎么样？

大会组委会：不瞒您说，真的是吃得好、喝得好、玩得好，您推荐的地方，我都一一打卡了。

乾隆：那我很是欣慰啊！

大会组委会：不知道您近期有没有计划开发新的旅游线路呢？

乾隆：最近一直忙着给西湖龙井带货，有一阵子没出去旅游了，听你这么一说，还真是该考虑出去看看了。

大会组委会：嗯哪，嗯哪，等您再出旅游攻略，我一定追随您的足迹继续出发！

乾隆（内心 OS）：太感动了，你这个人能处。

知识小课堂

康乾盛世：是清朝的鼎盛时期，在康熙、雍正、乾隆三代皇帝的共同努力下，繁盛时间长达 134 年。在这段时间内，封建体系达到极致，清朝国力也达到最强的水平，百姓安居乐业，经济、人口都得到空前发展，疆域也最辽阔。

陆羽：唐代茶学家，有"茶仙"的美誉，又被尊为"茶圣"，祀为"茶神"。他是个幽默的人，与女诗人李季兰、诗僧皎然是好朋友。他一生沉迷于茶，精于茶道，唐朝上元初年（760 年），在苕溪（今浙江湖州）隐居，撰写了《茶经》三卷，具体论述了茶的性状、品质、产地、种植、采制、烹饮、器具等，是世界现存最早、最完整、最全面介绍茶的第一部专著。

《四库全书》：全称《钦定四库全书》，是清代乾隆时期编修的大型丛书。在乾隆皇帝的主持下，由纪昀等 300 多位高官、学者编撰，近4000人参与抄写，耗时13年编成。全书分经、史、子、集四部，故名"四库"。根据文津阁的藏本，全书共收录了3462种图书，36000余册，约8亿字。

乾隆皇帝命人手抄了7部《四库全书》，下令分别藏于全国各地。首先抄好的四部分藏于紫禁城的文渊阁、辽宁沈阳的文溯阁、圆明园的文源阁、河北承德的文津阁，这就是所谓的"北四阁"。后抄好的三部分藏于扬州的文汇阁、镇江的文宗阁和杭州的文澜阁，这就是所谓的"南三阁"。

《四库全书》的编修是一项伟大的文化工程，它对中国古典文化进行了一次最系统、最全面的总结，将中国古典文化的知识体系呈现了出来。

曹雪芹：螃蟹配酒，越吃越有

大咖登记表

姓名：曹雪芹

昵称：梦阮

性别：男

主要成就：创作中国古典巨著《红楼梦》

微博名称：@老曹有话说（粉丝千万+）

抖音名称：老曹有话说（粉丝千万+）

朋友圈个性签名：舍得一身剐，敢把皇帝拉下马

属性：落魄少爷，大文豪

爱好：写小说

出生年份：约1715年[①]

逝世年份：约1763年

---

① 关于曹雪芹的生卒学界存在多种说法。

话说曹雪芹

四大名著之一的《红楼梦》,就是出自曹雪芹之手。洋洋洒洒的近百万字,简直把主角贾宝玉一家子的日子写活了,一边是乾隆盛世,一边是社会背后潜藏的种种矛盾。有人会好奇,怎么就写得如此逼真?不瞒你说,曹雪芹写这本书的时候,素材就是源于自己家和亲戚家的事。曹雪芹的嗣父曹頫,是曹家最后一任江宁织造主事,原本这乌纱帽戴得好端端的,谁知道因为与皇室派别斗争扯上了关系,这下可好,官也丢了,家也抄了,富足优渥的生活一去不复返。

曹雪芹经历了曹家由盛转衰的过程,从富得流油到穷得叮当响,从贵族阔少到穷人,就是这样一天一地的人生经历,让他创作出了这部惊世骇俗的长篇小说。注意,虽说是用家族历史作为素材,但这依旧是小说,不是他的自传。

后来,因为实在太穷了,住在山村里的曹雪芹选择放弃写作,他的好朋友敦诚知道后比他还着急,劝他"劝君莫弹食客铗,劝君莫叩富儿门。残杯冷炙有德色,不如著书黄叶村",继续写啊,别停啊,兄弟!

最终,《红楼梦》完稿流行于世。我们现在看的通行本一共120回,但很多文学专家都认为前80回是老曹写的,后40回则是一个不知道姓名的人写的,最终由程伟元、高鹗整理合并完成。

《红楼梦》到底有多火呢？就这么说吧，从 20 世纪开始，就出现了专门研究《红楼梦》思想底蕴和艺术成就的学问，世人称之为"红学"。现代红学家周汝昌说"《红楼梦》是我们中华民族的一部古往今来、绝无仅有的文化小说"，客观来讲，《红楼梦》确实担得起这份称赞。

才艺展示：诗歌朗诵

我不是一个专职诗人，我是个作家，但是在写《红楼梦》的时候，可没少写诗，就给大家朗诵一首《好了歌》，请大家欣赏：

世人都晓神仙好，惟有功名忘不了！
古今将相在何方？荒冢一堆草没了。
世人都晓神仙好，只有金银忘不了！
终朝只恨聚无多，及到多时眼闭了。
世人都晓神仙好，只有娇妻忘不了！
君生日日说恩情，君死又随人去了。
世人都晓神仙好，只有儿孙忘不了！
痴心父母古来多，孝顺儿孙谁见了？

带货清单（1）：螃蟹

螃蟹有多好吃呢？北宋大文豪苏轼一边咽口水，一边说"堪笑吴中馋太守，一诗换得两尖团"，想吃没钱怎么办？小意思，直接卖诗换钱。南宋文学家杨万里擦擦嘴，也一脸满足地说"酥片满螯凝作玉，金穰熔腹未成沙"，瞧瞧这嫩嫩的肉，多香！

爱吃螃蟹的人不少，但要说吃得最精细、最让人眼馋的人，那就要数曹雪芹了。

农历八月二十，正是金秋时节，处处洋溢着丰收的喜悦，最让一众吃货开心的就是螃蟹肥了，又到了一年一度吃螃蟹的季节了。不过话说回来，螃蟹虽美味，但价格也在那儿摆着呢，一般老百姓也不太可能敞开肚皮吃。

在《红楼梦》第三十八回《林潇湘魁夺菊花诗　薛蘅芜讽和

螃蟹咏》中，老曹就给湘云和宝钗安排了请大家吃螃蟹的戏份，食蟹、赏花、赋诗，那叫一个惬意。至于这个螃蟹怎么吃呢，曹雪芹有很多话要说。

其一：持螯更喜桂阴凉，泼醋擂姜兴欲狂。饕餮王孙应有酒，横行公子竟无肠。脐间积冷馋忘忌，指上沾腥洗尚香。原为世人美口腹，坡仙曾笑一生忙。

其二：铁甲长戈死未忘，堆盘色相喜先尝。螯封嫩玉双双满，壳凸红脂块块香。多肉更怜卿八足，助情谁劝我千觞。对兹佳品酬佳节，桂拂清风菊带霜。

为了让广大粉丝吃到美味的螃蟹，曹雪芹也是拼了，他情绪饱满地推荐着："铁子们，走过路过不能错过，在我的直播间，你尽管放心大胆地买，肥美的螃蟹这就送到你家！"

不仅有热情的介绍，他还科普了一下吃螃蟹的步骤。比如吃螃蟹的第一步要干什么？老曹来告诉你，就是要先辨别雌雄。什么？吃螃蟹还得分公母？这么麻烦吗？

螃蟹分为团脐和尖脐。所谓团脐，指的是白肚朝上，蟹脐呈半圆形，这是雌蟹；尖脐指的就是雄蟹。这里面可是大有讲究的，俗话说"九月团脐十月尖，持螯饮酒菊花天"，九月份该吃团脐，十月份则吃尖脐。

老曹友情提示：螃蟹确实好吃，但属于寒凉之物，就跟喝酒是一个道理，好喝也不能贪杯。在吃法上，是蒸着吃还是煮着吃呢？

这也是吃货比较关注的问题。就拿南方和北方来说，前者喜欢清蒸，后者喜欢水煮，除此之外，还可以做成醉蟹来吃。

实话实说，螃蟹吃起来的确挺麻烦的，主要就在于需要手剥硬壳，但一般自己剥的，这样吃起来才更香。明末清初戏曲家李渔就有这样一番见解，他说："凡食他物，皆可人任其劳，我享其逸。吃螃蟹却不可，旋剥旋食则有味，人剥我食，则不仅味同嚼蜡，且似不成其为螃蟹了，仿佛是吃别的东西。"可以说，螃蟹的美味分为两个部分：一个是蟹肉的香，一个是自己动手的快乐。

带货清单（2）：菊花酒＋合欢酒

吃螃蟹的最佳伴侣是什么？老曹告诉你，除了姜醋，那就是烧酒了。

螃蟹性阴寒，想要祛寒，就得与姜醋、烧酒一起吃。醋这个东西能调味，姜这个东西能驱寒，想吃得美味又健康，醋和姜是居家必备。

烧酒也是一个意思，主要是驱寒。在老曹的直播间，你不仅能吃到鲜美的螃蟹，老曹还推荐给大家两款烧酒，第一款就是菊花酒，由菊花、糯米、酒曲酿制而成，此酒又有"长寿酒"之称。在直播间带货卖酒的大咖不少，但老曹这一款菊花酒还挺与众不同的，味道上清凉甜美，功效十分显著。李时珍就给这款酒做过背书，他表示菊花酒具有疏风除热、养肝明目、消炎解毒、延缓衰老等功效。当然,也不是只有李时珍这样认为,我国自古就有在重阳佳节饮菊花酒的传统习俗,菊花酒不仅能够驱寒,还有祛灾祈福的寓意。

除了菊花酒,老曹推荐的第二款酒是合欢酒。这款酒的做法就比较简单了,直接将合欢树上开的小白花摘下来,然后浸泡在烧酒中,简简单单就制成了合欢酒,和菊花酒一样,此酒有祛除寒气、安神解郁的功效。

人物采访笔记

大会组委会:大作家,《红楼梦》您还打算出第二部吗?

曹雪芹:死的死,散的散,该有的命运都安排妥了,不会考虑第二部了。

大会组委会:那太可惜了,总感觉贾宝玉、林黛玉他们的故事还没完全结束。

曹雪芹:哦?要不我把笔给你,你来写吧。

大会组委会:您太抬举我了,要不我试试?

曹雪芹:那你想试试就试试……别忘了先尝尝我推荐的螃蟹。

大会组委会:好的,还得搭配上菊花酒呢。

曹雪芹:哟,真是个小机灵鬼,我看好你!

知识小课堂

江宁织造： 在清朝时专为宫廷供应织品的皇商，清朝乾隆皇帝6次下江南，有5次就住在江宁织造府内。那里的大行宫的称呼就是由于康熙和乾隆两个皇帝在此住过而得来的。据史料记载，曹雪芹于康熙五十年（1715年）诞生在江宁织造府内。江宁织造是内务府设在南京的机构，负责办理绸缎服装并采买各种御用物品。2009年，江宁织造博物馆建设完成，内设曹雪芹诞生处、曹雪芹故居陈列馆、红楼梦展馆和云锦展馆。

重阳节： 据《西京杂记》记载："菊花舒时，并采茎叶，杂黍为酿之，至来年九月九日始熟，就饮焉，故谓之菊花酒。"古时重阳节这天，人们除登高、插茱萸外，还会三五相邀，同饮菊花酒。

高鹗： 字云士、行一，号秋甫，别号兰墅。乾隆五十六年（1791年）至五十七年（1792年），高鹗应友人程伟元之邀协助编辑、整理、出版《红楼梦》程甲本、程乙本。自胡适考证，红学界长期认为《红楼梦》后四十回系高鹗续成。但中国红学会会长张庆善指出:"高鹗不应该是《红楼梦》续作者,他应该是《红楼梦》最后出版的整理者……《红楼梦》能够流传,高鹗是第一功臣。"

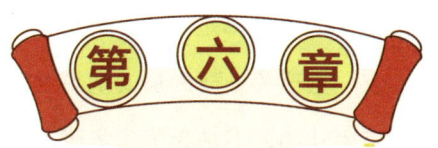

古代带货大会颁奖仪式

本次古代带货大会可谓群星璀璨，我们见识到了各位带货大咖的实力，从吃的、喝的、玩的到用的，上架秒空都是"基操"，随随便便就能掀起一波又一波的时尚新潮，让我们见识到了古代的爆款商品，也领略到了古人的生活情趣。

认真来讲，他们贩卖的不单单是商品，更是一种生活美学。大咖带货之所以成功，有一点至关重要，那就是热爱生活，他们的带货是有灵魂的，是高级生动的，不是为了卖货而卖货，更多的是分享一种生活态度。我们可以跟随大咖们的步伐，丰富自己的生活，提升自己的品位，虽说一直在剁手的路上，但快乐却越来越多。

经过大会组委会严肃认真的筛选，最终评出了五位获胜者，没有说其他人不好的意思，主要是这五位大咖比较有代表性。那么最终花落谁家，我们接下来就揭晓答案。

第一名：苏东坡

商品清单：扇子、东坡肉、馓子

获奖理由：天下第一美食博主

苏东坡，凭借一己之力，让几万把无人问津的扇子销售一空，突出体现了他的带货能力，也可以看得出来粉丝对他的由衷喜爱。大冷天卖扇子是个笑话吗？苏东坡告诉你，不，不仅不是笑话，还成就了一个经典的销售案例。

放眼全中国，他可以说是最会吃的男人。他单凭自己的手艺，将原本不招人待见的猪肉变成了餐桌必备美食，自此，中国人不再只吃牛羊肉。那肥而不腻的东坡肉，真香！当然，他也有加分项，那就是他积极乐观向上的生活态度，哪怕处处不如意，也不妨碍他认真生活，认真吃饭，认真过日子。

苏东坡获奖感言

感谢古代带货大会以及粉丝们的青睐，我就是一个简单纯粹的吃货，承蒙大家厚爱，今后我一定在探索美食这条道路上更加用心、更加努力，争取用更多美味回馈大家。在这里还要说明一点，猪肉真的好吃，希望还没有尝试过猪肉的朋友，或者对猪肉还抱有抵触心理的朋友，不妨按照我的菜谱做一道东坡肉，包你下饭！谢谢大家！爱你哟！

第二名：李白

商品清单：兰陵美酒、旅游景点、仙人掌茶

获奖理由：中国第一酒仙

酒是好酒，诗也是好诗，依靠文采风流斩获顶级流量，中国第一酒仙当之无愧。要是你以为他喝的只是酒，那你就太年轻了，那喝的是寂寞，喝的是豪情。爱喝酒的人不少，但能喝得像李白一样荡气回肠、斗酒诗百篇的人，确实不多。当然，他除了带来了美酒，还带来了养生必备的仙人掌茶，喝酒与养生两不误，也是着实为大家的身体健康操碎了心。

此外，他所推荐的旅游景点也颇受大家欢迎，不少成了打卡胜地。畅快肆意的人生就该如李白那样，说走就走，想去哪儿看看就去哪儿看看，身体和灵魂都在路上，一起向着快乐出发。

李白获奖感言

由衷感谢大家的偏爱，我是一个放荡不羁爱自由的人，我爱喝酒，但我不是喝完便撒酒疯的人，我的酒品还是不错的。我衷心希望，大家以酒为友，以酒会友，在推杯换盏中消解烦闷，酒过三巡之后，醉意袭来之后，能够更加坦然地面对现实中的不如意、不称心。人生在世，就是要想开点儿，要懂得及时行乐，钱没了就没了，没什么大不了的，人活着最主要的是快乐。不过我也要补充一句，喝酒要适量，小酌怡情，大饮伤身，还是要爱惜自己的身体，不要做没有灵魂的酒鬼。没事可以喝点儿仙人掌茶！再次感谢大家，让我们一同举杯畅饮！

第三名：张骞

商品清单：葡萄、核桃、苜蓿、石榴、胡萝卜、地毯等等

获奖理由：中国海淘第一人

作为国际海淘的先驱者，"世界史开幕一大伟人"，张骞绝对是前无古人、后无来者的大咖级人物。可以说，他是在用生命带货，风餐露宿都是小事，性命堪忧也无所畏惧。他信念坚定，想方设法一定要完成海淘目标。他先后两次出使西域，打通了中国与中亚、西亚、南亚以至通往欧洲的陆路交通，就是依靠这条道路，中国的丝绸、茶叶、漆器得以向西域和中亚等国出售，同时欧洲、西亚和中亚的宝石、玻璃器等产品也才有机会来到中国，不让他获奖都说不过去。

张骞获奖感言

话不多说，先说声感谢。正是你们的认可，让我那些饱受折磨的日子都变得闪亮起来，哪怕是危及性命的时刻，似乎都成了一种褒奖。我本来是个善于言辞的人，但站在这里接受大家的嘉奖，一时间又不知道该说些什么了，唯有日后更加努力带货，让大家用上更多海外好物，才对得起你们的支持。再次谢谢大家！

第四名：杨贵妃

商品清单：石榴裙

获奖理由：为万千女性代言

杨贵妃不用出口成章，不用吟诗作赋，更不用大声吆喝，只需要安安静静地站在那里，就自成一道风景，让人忍不住去模仿她。或许，有些人会觉得石榴花艳俗，但看到穿着石榴裙的杨贵妃，硬是把"艳俗"两个字咽了回去。这个世界对女孩子有诸多限制，也造成了不少困扰，如身材焦虑、容貌焦虑、结婚焦虑等等，但杨玉环的存在告诉大家，做自己就好，或许无法改变大环境，但可以改变自己的心态，给自己挑选一条石榴裙，美美地生活，胖也好、瘦也好，美也好、丑也好，学会接纳自己，学会欣赏自己，你便是最闪亮的。

杨玉环获奖感言

说心里话，我知道自己与其他大咖相比，并没有什么出众的地方，是大家为了鼓励我，才给了我这个奖，我内心是很感激的。我希望所有穿上石榴裙的姑娘，都能够收获美满的爱情、幸福的婚姻以及自己的事业。而且一定要记住，女人一定要有自己的事业，单靠美色是不能让男人长长久久地拜倒在你的石榴裙下的，自己还是得有安身立命的本事。姑娘们，切记，你是自己的主宰。

第五名：王羲之

商品清单：竹扇

获奖理由：他的名字就是"顶流IP"

如果王羲之说自己的书法天下第二，那就绝对没有人敢站出来说自己是第一。他撰写的《兰亭集序》，绝对是"天下第一行书"。他的书法有着平和自然的风格，在含蓄之中透露着遒美健秀，完全不同于汉魏的笔风，形成了独树一帜的个人特色。所以他带货竹扇，靠的就是自己的硬实力，写写画画就好比给扇子贴了金，让扇子的身价扶摇直上，这种自带流量的大咖，真的就是无敌的。

王羲之获奖感言

大家对我太好了，我来参加带货大会，主要就是想看看现在的年轻人都喜欢什么，流行什么，不想跟社会脱节，没想到却收获了如此沉甸甸的一个奖。借此机会，我想告诉天下所有的年轻人，你们是时代的掌舵人，你们的未来就是这个时代的未来，你们的每一分努力都在促使着时代不断进步，加油，你们是最棒的！

结束语 / 大咖养成攻略

如果我们想成为他们，要做到以下三步。

第一步，努力做一个有个人魅力的人。想让自己变得有魅力，首先你需要树立自己的"个人IP"，想拥有"个人IP"，你就得掌握过硬的"专业技能"。当然，如果颜值也能给你加分的话，那么恭喜，绝对会有很多"MCN"（网红孵化）机构向你抛橄榄枝的。就如谢安，他不必多说什么，他的行为举止就是标杆，就值得众人效仿。不过纯靠个人魅力的话，确实是很有难度，毕竟不是所有人都能像谢安一样，能做到人见人爱、花见花开。

第二步，做一个热爱生活的人。不管处在什么样的生活境遇之中，先别急着意志消沉，抬头看看天空，低头看看大地，一切照旧，那么生活也要照旧。既然如此，倒不如向苏东坡学习，管他生活难不难，该吃吃该喝喝，该快乐还是要快乐，如果没有快乐，那就自己创造快乐。

第三步，拥有一双善于发现美的眼睛。只有善于发现才能找到隐藏在生活中的爆款好物，或许是一杯酒，或许是一道菜，或许是一处风景……总之，一切美好皆可分享，既然可以分享，就值得大力推广，这样成为带货界的大咖也就指日可待了。

当然，不是人人都可以成为大咖，但人人都可以向大咖看齐，如果能够在大咖的引领之下，重塑我们自己，也是一件值得期待的事情啊！

　　本次古代带货大会到此圆满落幕，希望大家卖得开心、买得开心！让我们下一届再见！

附录：大会商品清单

【吃】

1. 葡萄
2. 生鱼片
3. 螃蟹
4. 薏米粥
5. 东坡肉
6. 燕窝

【喝】

1. 九酝春酒
2. 水果汁
3. 兰陵美酒
4. 龙井茶
5. 仙人掌茶

6. 菊花酒

7. 合欢酒

【游】

1. 岳阳楼
2. 江南
3. 洞庭湖
4. 庐山
5. 洛阳
6. 金陵
7. 扬州
8. 龙门
9. 泰山

【衣】

1. 胡服
2. 长裙
3. 高跟鞋
4. 留仙裙

5. 帕巾

6. 宽衣博带

7. 石榴裙

【用】

1. 千里马
2. 竹扇
3. 冰块
4. 地毯
5. 画眉工具
6. 药材
7. 蒲葵扇
8. 薛涛笺